BIRGER SELLIN

# LA SOLITUDE DU DÉSERTEUR

*Un autiste raconte son combat pour rejoindre notre monde*

Avant-propos et postface de Michael Klonovsky

*traduit de l'allemand par Martine Keyser*

LE GRAND LIVRE DU MOIS

Titre original :
ICH DESERTEUR EINER ARTIGEN AUTISTENRASSE


ISBN 2-7028-1699-1
(édition originale : ISBN 3-462-02457-4 Verlag Kiepenheuer & Witsch, Cologne)

# Avant-propos

Ce livre est le prolongement d'*Une âme prisonnière*, best-seller paru en 1993 chez le même éditeur. Le premier recueil de textes de Birger Sellin qui, depuis, s'est vendu en Allemagne à plus de quatre-vingt mille exemplaires et a été traduit en sept langues, s'est vu propulsé au fil des mois au tout premier plan par les médias allemands. L'histoire fascinante de ce jeune autiste qui, ayant cessé de parler au cours de sa deuxième année, fut rangé, par les médecins et les thérapeutes, parmi les handicapés mentaux profonds et se mit à écrire sur un ordinateur après seize années de silence, semblait être un conte moderne. À cela s'ajoutait le fait que le jeune homme envoyait ses « messages au monde d'en haut » dans une langue qu'on n'avait pas encore entendue jusqu'ici. Double miracle, donc : le prétendu handicapé mental ne savait pas seulement lire et écrire, il produisait de la littérature.

J'ai employé sciemment les mots de conte et de miracle, non pour soustraire le phénomène Birger Sellin au champ des explications rationnelles mais pour donner une idée des sentiments que suscita alors le spectaculaire *coming out*[1] de Birger[2]. Son cas illustrait le célèbre aphorisme de Shakespeare selon lequel il existe plus de choses entre ciel et terre que n'en a rêvé notre savoir livresque. Le terme de conte, cependant, ne doit pas du tout s'entendre dans le sens péjoratif qui a conduit quelques sceptiques à dénier à Birger, sans même analyser la situation, la paternité des textes parus sous son nom.

Conte, miracle, sensation : tout cela ne traduit que notre point de vue d'observateurs. Pour Birger, réacquérir sa langue après des années de silence fut bel et bien une libération, ce ne fut en aucun cas une guérison. Il continue de souffrir d'un autisme grave, il est incapable de parler et ne peut, à ce jour, écrire, presque exclusivement, qu'avec l'aide de quelqu'un, mais il lutte de toutes ses forces contre ce trouble du comportement énigmatique et à peine exploré. Ce livre est avant tout le témoin de cette lutte et de ses premiers succès.

Chaque fois qu'une histoire fait suite à une autre, on se heurte à la même difficulté : de nombreux lecteurs connaissent la première partie, les autres,

1. En anglais dans le texte. (*N.d.T.*)

2. Je me suis demandé si j'allais continuer d'appeler ici Birger simplement par son prénom comme dans le précédent livre. Il a aujourd'hui vingt-deux ans et l'usage veut qu'on appelle les gens de cet âge par leur patronyme. Mais comme Birger, le plus souvent, appelle les gens de son entourage par leur prénom, qu'il se nomme lui-même par son prénom dans ses textes et que je suis en quelque sorte son ami, j'ai conservé ce mode familier. *(Sauf mention contraire, les notes sont de Michael Klonovsky.)*

non. Les premiers ne veulent pas qu'on les ennuie avec des redites, ceux qui prennent le train en marche, en revanche, aimeraient savoir de quoi il retourne exactement. Pour ne pas trop contrarier les uns et contenter cependant les autres, je vais donc essayer de retracer l'histoire de Birger « en accéléré ».

Birger Sellin, premier enfant du juriste berlinois Dankward Sellin et de la psychologue Annemarie Sellin, n'avait pas deux ans lorsque son développement intellectuel sembla s'interrompre. En l'espace de quelques semaines, l'enfant cessa de parler et esquiva toute approche émanant de ses parents. Il ne joua plus comme les autres enfants mais élabora à la place des comportements bizarres : durant des heures, comme hypnotisé, il faisait pleuvoir des billes, des perles de verre ou du sable entre ses mains ; perdu dans ses pensées, il feuilletait des livres qu'il prenait sur les rayons de la bibliothèque ou balançait imperturbablement le torse.

Les médecins et les thérapeutes étaient aussi désemparés que les parents de Birger. L'expertise de certains concluait que l'enfant devait souffrir d'un retard mental causé par une inflammation des cellules cérébrales, Birger ayant subi juste avant son mutisme une série de graves inflammations de l'oreille moyenne. Quand Birger eut quatre ans et demi, on diagnostiqua pour la première fois, lors d'un examen, un « autisme infantile précoce ». Constat foudroyant, l'autisme étant considéré comme quasi incurable.

Birger devenait adolescent mais vivait à la maison

comme un petit enfant attardé. Le jour, on le confiait à diverses garderies de l'association berlinoise Aide à l'Enfant Autiste. Il apprenait à s'habiller et à se laver seul, exécutait de menus travaux domestiques, mais il ne dépassa pas le stade infantile. Au cours de sa huitième année, il prononça une seule phrase tout à fait inopinément et resta muet le reste du temps. L'enfant qui vivait complètement replié sur lui-même s'était adapté à son environnement jusqu'à passer inaperçu.

À l'époque de la puberté, les relations avec Birger se compliquèrent. Son comportement devint compulsif, il vivait dans une excitation constante, il se balançait, haletait, subissait des crises de hurlements, se mordait et se frappait jusqu'au sang. L'adolescent poussait ses parents au désespoir et contraignait la famille à l'isolement. Malgré cela, Birger semblait continuer de ne rien percevoir ni comprendre. Son avenir prenait un tour sombre et désespéré.

Après que Birger eut passé toute son enfance et son adolescence dans une sorte d'état crépusculaire, du moins extérieurement, des événements se produisirent au cours de l'été 1990 qui changèrent de fond en comble la vie des Sellin.

Lors d'une série de conférences données par la thérapeute américaine Annegret Schubert, candidate au doctorat de l'université de Syracuse (État de New York), les parents de Birger entendirent parler pour la première fois de la *Facilitated Communication,* ou communication assistée, méthode permettant à des personnes ayant des troubles du langage accompagnés de blocages moteurs ou psychiques d'établir un contact avec leur environnement par la désignation assistée d'objets ou de lettres. Le 27 août 1990, sans se faire trop d'illusions, Annemarie Sellin s'assit avec son fils devant un ordinateur.

Ce qui advint alors est le sujet d'*Une âme prisonnière*.

Après de premiers essais pénibles au clavier de l'ordinateur — la mixture de lettres qui en résulta permit cependant de conclure aussitôt que Birger maîtrisait la langue écrite —, un flot de sentiments et de réflexions jaillit progressivement de lui. Il apparut que Birger savait lire et écrire depuis sa cinquième année. Durant tout ce temps, il avait soigneusement enregistré ce qui se passait autour de lui. Le prétendu débile pouvait citer tous les pays et toutes les capitales du monde, il agitait des pensées philosophiques, était informé de la recherche sur l'autisme et connaissait nombre d'écrivains. Les livres qu'il « feuilletait » par centaines, en fait il les avait lus. Le fou recroquevillé, haletant, hurlant et se balançant cachait, derrière cette façade, un être sensible et d'une grande intelligence dont la langue devait être bientôt comparée dans la presse à celle de Hölderlin, d'Artaud, de Gustav Schwab, de Rainald Goetz et d'Ingeborg Bachmann.

Je fis la connaissance de Birger au printemps 1992, un an et demi après la révélation de son monde intérieur, et j'écrivis pour le *Zeit-Magazin* de Hambourg un long article sur lui. L'écho fut considérable : les plus grandes maisons d'édition allemandes se disputèrent ce jeune auteur surgi du néant (la métaphore éculée s'impose ici). Le premier livre de Birger contenait une sélection de ses écrits ; il commençait par les premiers essais de l'été 1990 et comportait des textes écrits jusque fin 1992.

C'est ainsi que Birger devint écrivain — le « premier poète autiste du monde », comme le *Spiegel* l'écrivit après la parution du livre — sans qu'il eût nourri jusqu'alors la moindre intention dans ce sens, bien sûr, ses messages étant trop existentiels pour cela, ce qu'ils continuent d'être. Et sa perspective est restée la même. Certes, Birger écrit de temps à autre des textes qu'il destine à la publication mais la pensée du public passe le plus souvent après la lutte contre son handicap. La publication de ces textes répond naturellement au vœu de Birger. J'ai simplement été autorisé par lui à faire une sélection.

Après la parution du premier livre, les articles de presse qui ont suivi et la diffusion d'un documentaire sur sa vie, Birger a reçu des montagnes de lettres, bien trop de lettres pour qu'il puisse répondre un jour à chacune. Et dans ces courriers revenait sans cesse la question : Et la suite ?

C'est ce que Birger, à présent, va nous conter lui-même.

MICHAEL KLONOVSKY

# Avant-propos de Birger Sellin

*Berlin, le 7 janvier 1995*

je m'adresse à un groupe humain singulier
à des hommes qui s'apprêtent
à lire un livre piètre et fou académicmac de pensées
à vouloir tout lire sans résistance
mais ils trouveront là tristesse agitation enjouée et nostalgique intensité
mais un je-ne-sais-quoi veut devenir quelqu'un
et souhaiter à tous de l'agrément
que vent soleil pluie et neige évoquent mon souvenir
le marginal madré birger sellin frotté aux intempéries
qui souhaite pour lui
pour tous les marginaux sismographes
et les terriens
joies rires et larmes
et de l'amour en suffisance

*4 janvier 93*
il faut travailler dur à un nouveau livre
je pense à un livre important
qui débrouille ce pénible autisme
ce qu'il reflète
et ce qu'il entraîne très insidieusement
l'ennui c'est que j'en sois encore si tributaire
je deviens de pire en pire et me rends compte moi-même
que je suis insupportable hors-moi d'abord puis en-moi
état d'éternels tiraillements
je me terrorise moi et l'entourage
je ne trouve pas l'équilibre

*5 janvier 93*
je veux écrire une lettre à l'adorable madame w.
vous m'avez fait une grande joie terrestre
par l'envoi de la lettre du poème et de la cassette
je vous remercie

votre amabilité est fabuleuse
j'ai respiré dans ma prison d'autiste oppressante et glacée
je ressens constamment mes limites
je ressens constamment la solitude aussi
la bonne lettre précieuse entre toutes cause un bonheur extrême
j'affermis dans mon cœur la pensée
que la gentillesse et l'amour sont une arme efficace contre l'autisme énervant
une sorte de remède intime
un cœur suprêmement sincère vous salue en la personne de votre solitaire mais rasséréné
birger sellin

*6 janvier 93*
les œuvres de nietzsche sont impressionnantes
mais aussi fondatrices de personnalité
je veux dire
qu'un usage de l'être s'énonce là simplement
une pénétrante analyse de notre existence essentielle
conçue comme une théorie de la connaissance athée
je suis impressionné par la connaissance qui paraît si fondamentale
personne hormis nous ne travaille dans des régions extraterrestres
c'est contre nous que nous décidons nous-mêmes de notre destin
cela m'aide
de ne pas me tourmenter

de ce qu'une force injuste incomparablement
puissante nous assujettisse totalement
je pense que je peux mieux vivre avec mon destin
si je sais que j'en porte moi-même la responsabilité

*8 janvier 93*
quelqu'un veut de nouveau écrire à quelque insigne
personne
je vais écrire une lettre à gisela [1]
que ce soit en toute réalité comme en irréalité
aujourd'hui je suis trop agité j'écrirai demain

*9 janvier 93*
veux d'abord écrire une lettre à gisela
chère gisela
il serait temps que je t'écrive enfin
j'ai trouvé ta lettre vraiment excellente
je recommence à faire un tas de bêtises
ce qui me complique plutôt la vie à moi et à ma
famille
je n'arrive tout simplement pas à suivre les voies
d'amendement que j'ai conçues
je conçois tant de bonnes choses
mais les résultats visibles se font attendre
pas de vie autonome sans changement je sais

1. Gisela Uhlmann, psychologue berlinoise et professeur de psychologie du développement. Birger entretient avec elle une relation épistolaire étroite depuis 1991. Les lettres qui suivent lui sont adressées.

je donne des coups d'épée dans le vent
je sens bien moi-même que je deviens de plus en plus effrayant
je suis infantile et ne raconte que des choses tristes
il y a aussi des choses belles
si je n'étais que malaise je ne pourrais pas t'écrire
aujourd'hui que je me réjouis de pouvoir parler avec toi personne esthétiquement ne pcut interpréter une expression sans me déduire que je serais génial
mais toi tu sais me faire comprendre par tes lettres
que je suis un être humain
ce qui est pour moi bien plus important
je te remercie simplement
et je t'écouterai désormais comme un disjoncté de première
je te salue simplement et cordialement
ton birger
avec la reconnaissance et le respect d'une âme candide

*10 janvier 93*

votre birger récolte de plus en plus d'inimitié grave
un cher tycho[1] veut faire avec moi plus que je ne peux
il perd souvent avec moi la vitale patience

1. L'auxiliaire attitré de Birger jusqu'à l'automne 1993.

*11 janvier 93*
je suis fâché de cette effervescence qui règne à nouveau
veux écrire une lettre à jamila [1]
chère jamila
ta lettre extraordinaire m'a fait plaisir
j'aimerais te dire qu'un film avec toi ne devrait pas être ainsi fait que nous soyons de nouveau montrés de l'extérieur
tandis que d'autres font des commentaires sur nous
car les commentaires sur les autistes tombent le plus souvent à côté
c'est ce que je ressens tout le temps malheureusement
et je ne veux pas être interprété comme ça
je veux que nous prenions nous-mêmes la parole comme nous le pouvons
notre monde intérieur doit être mis au jour
afin que les hommes par le biais du film nous reconnaissent tout simplement comme des semblables en esprit
et que nous obtenions d'eux un peu d'estime comme leurs semblables
nul ne peut faire de commentaires sur nous sans erreur
je me souviens non sans déplaisir d'affirmations complètement démentes dans des livres des entretiens privés

1. Jamila Chauvet, réalisatrice française qui voulait tourner un film sur Birger. Le projet n'a pas abouti.

ça me fait vraiment mal quand j'y pense
je suis prêt à sacrifier une foule d'idées pour faire un film hors pair
à la seule condition qu'on n'y insère pas de commentaires extérieurs
j'irai même jusqu'à dire
pas de film plutôt que de refaire la même chose
je suis en train d'ordonner mes idées en vue d'un film
je te raconterai tout bientôt
je te salue cordialement
ton important conseiller birger
qui proteste et critique
mais qui t'aime

*12 janvier 93*
une énergie est là
mais je ne peux pas la réaliser
les cris dingues sont des accès sur lesquels je n'ai pas de prise
rien ne m'est plus odieux que ces répugnants hurlements de rage qui enflent et mugissent
et puis je ne veux pas être comme un bébé idiot
j'aimerais tellement être raisonnable mais je n'y arrive pas mais un jour j'arriverai de nouveau sans vagissements ni autres gémissements à accéder à l'action conforme aux désirs

*13 janvier 93*
je veux écrire une lettre d'une importance inouïe à uwe [1]
cher uwe
est-ce que tes parents savent que je t'écris
ce doit être terrible de devoir cacher quelque chose à ses parents
je pense que vous devriez leur dire que nous nous entretenons par écrit
je suis sûr que tu peux les convaincre que cette correspondance est tout à fait personnelle et importante pour nous
nous avons besoin l'un de l'autre
mais quand une lettre gentille arrive c'est la distraction la diversion
je me suis beaucoup réjoui une fois encore
je te remercie mille fois et je préfère tes lettres à des lettres bien formulées mais non sincères
tu m'as fait grand plaisir
tu m'es un ami précieux
j'aimerais être ton ami
un jour nous remplirons ensemble tous les titres de journaux
un jour nous serons vainqueurs de cet énorme autisme de malheur
je te salue

1. Autiste de Chemnitz, de l'âge de Birger, qui écrit également grâce à la communication assistée et qui entretient une relation épistolaire avec lui depuis 1992.

j'apprécie ton candide acquiescement visible et fervent
nous pouvons donc être amis comme tant d'autres
tout ce que dit le super épistolier pointu que je suis est amour
je te remercie

*15 janvier 93*
je veux d'abord réfléchir à des paroles erronées
car je veux redevenir non-fou

*16 janvier 93*
moi dans l'inquiétude

*17 janvier 93*
mais nul n'est aisément remplaçable
sans envie je rumine simplement le problème et m'en irrite
comment devenir autonome
aujourd'hui je me réjouis que tu sois de retour [1]
que je sois si dépendant de toi m'irrite
mais par moments le super dankward [2] ne fait que rouspéter
lui-même est plein de contradictions
l'agitation rend vraiment solitaire

1. Birger parle de sa mère.
2. Le père de Birger.

plus solitaire que l'autisme
j'aspire au calme
et je continue à malmener mon âme avec des accès idiots
je désire la paix et provoque le chaos
je désire l'endurance et ne supporte rien
je désire la reconnaissance et terrorise les gens
je désire la vérité mais dis des inepties
je désire aussi rire et je crie
solitaire je suis
solitaire je resterai
si je ne sors pas des solitudes autistiques étrangères au monde je ne veux plus être solitaire
ah quand viendra le jour

*18 janvier 93*
un exclu va travailler d'arrache-pied à toute cette histoire de film
il y aura de la musique sacrée dans toutes les scènes
je pense qu'une simple musique païenne ne donnera rien j'imagine en musique de fond beethoven bach ou mozart comme nous en écoutons à la maison
j'aime cette musique et souvent des morceaux m'inspirent quand j'écris

*20 janvier 93*
une musique constamment harmonieuse non ce serait aberrant
mais à certains endroits

*21 janvier 93*
veux écrire une lettre à gisela
chère sensationnelle délectable et précieuse gisela
j'actualise ta manière de voir
et vais mettre à jour des idées fiables au sein de mon système
au sein de mon système il y aura une rubrique
née du réservoir d'idées de gisela
je ne sais toujours pas comment on décrit un insigne événement réel
mais je vais bientôt essayer à nouveau comme tu le proposes
je me réjouis que tu m'écrives avec tant de constance
quelqu'un comme moi en est très heureux

*22 janvier 93*
veux de nouveau écrire à ceux qui m'ont jadis écrit
d'abord à monsieur m.
pouvoir reparler vraiment
c'est mon plus cher désir
vous dites que la musique vous a aidé
et je me réjouis avec vous
comment un muet peut-il devenir loquace
comment un silencieux peut-il commencer la langue
mais parfois je peux dire une chose à l'improviste [1]

1. Birger s'est tu au cours de sa deuxième année. À huit ans, il a prononcé une unique phrase au grand étonnement de ses parents, puis il s'est tu à nouveau des années durant. Depuis le début de sa « période d'écriture », en août 1990, il lui arrive de dire des mots isolés mais le fait est extrêmement rare.

je suis alors très étonné moi-même de ce qui a pu se produire je n'ai pas d'explication
je pense simplement que c'est une preuve que la faculté de parler existe
reste à trouver un moyen de sortir du mutisme
je vous remercie pour votre attention empathique
et vous salue cordialement
votre auditeur sincère
birger sellin

*23 janvier 93*
la seule volonté est loin de suffire pour maîtriser la peur
c'est là aux aguets comme un animal sauvage indomptable
une bête vile va et vient irritante à l'extrême née des abîmes de l'enfer telle une force impétueuse qui surgie des eaux de la folie va tout anéantir
dans un écoulement cette peur suppurante sans valeur en vue
je suis voyageur dans un monde sans but
comme entre les infinités durables du temps
et paria dans la société organisée
chacun est un être doté de valeur et de dignité
mais quelqu'un a tout perdu
je crie
pourquoi la sécurité est-elle prodiguée à tous
quand quelqu'un doit persévérer dans l'insondable
pourquoi chacun voit-il une simple lumière
quand quelqu'un doit rester dans la nuit de la peur

et vivre dans une obscurité de la folie
j'oriente à nouveau tous mes sens vers ton monde comme des reflets déformants
pour réfléchir un de tes rayons solaires dans mes ténèbres caricatures de la vie
eau mugissante filtrat aqueux eau réservoir de la vie
je crie
pourquoi ne puis-je vivre
gémissant je m'humilie devant toi
donne-moi la vie encore une fois
nous verrons quelqu'un se pencher avec amour sur toi
quelqu'un qui n'oublie pas que même ta vie sûre fut profitable pour lui
que mon amour en soit la récompense

*24 janvier 93*
je veux de nouveau écrire une lettre à uwe
cher uwe
j'aimerais t'écrire encore une lettre
car chez les solitaires extraordinaires comme quelqu'un comme toi une grande nostalgie s'accumule
pour obtenir une lettre en réponse à des questions importantes
étonne-toi bientôt et attends encore un peu
nous découvrirons alors tous les mystères
nous les dévoilerons en bon ordre
et les montrerons aux spécialistes en émoi
nos écrits sont une contribution importante

une extraordinaire possibilité d'expression de
personnes crues mortes ce que nous étions
les insulaires ne sont nullement perçus sans l'écrit
nous pouvons être un important groupe humain élu
si nous aidons à vaincre cet autisme
comme on a simplement vaincu d'autres maladies
incurables auparavant
soutenons ensemble comme des amis fidèles
que notre vie a un sens insensé
j'ai pour toi une sympathie immense aimante et
fervente au plus haut point
je conclus par un vrai salut d'ami
ton birger
autiste tout droit sorti des livres
autiste pur et dur
autiste comme on en invente pour faire peur au
genre humain
autiste de première catégorie sans fioritures ni orne-
ments
à cette exception près
j'ai un ami

*25 janvier 93*
uwe doit recevoir une lettre
cher uwe
je trouve plutôt excellent
de recevoir une lettre importante de chemnitz
il apparaît clairement dans tout ce que tu écris que tu
aimerais reparler
nous partageons ce désir avec tous les muets

je sens exactement comme toi le mépris visible et fou d'une absurdité sans borne
cette souffrance voit sous d'autres souffrances tous les abîmes de la douleur humaine
je peux endurer beaucoup de choses
mais le mépris s'avère une éternelle et répugnante blessure
comment en venir à bout
je pense que l'unique moyen est l'espoir de faire connaître injalousement nos pensées aux êtres du dehors comme quelqu'un qui transmet des messages depuis d'autres mondes
je veux diffuser par mes écrits de graves pensées intimes dans la société élue
nous sommes de plus en plus nombreux
et j'espère qu'on mènera une recherche scientifique au sein de notre groupe d'autistes
pour vraiment combattre l'autisme
on n'a plus le droit de s'accommoder d'autistes énervants
ils doivent devenir des humains de premier ordre
je te salue cordialement
ton électif ami être sans-moi
birger de berlin
où tout nous saisit dans l'effervescence et la froideur terrible
d'abord le mépris
puis l'hostilité

*26 janvier 93 (l'après-midi)*
encore des questions infernales [1]
tout est comme l'eau
sans paroles je suis un exclu
je deviens de plus en plus insupportable
ma solitude est comme une pierre
comme un roc géant quand il se déploie
comme l'eau cherche un asile sûr d'après de si autres lois
je cherche un asile dans la société
comme l'un des solitaires actuels dans les rues barbares
comme l'un des solitaires sur les bancs de la ville
habiter devient un luxe insigne à pas feutrés
veux de nouveau être seul
une thérapeute capable une dame breinlinger [2]
elle est mon insigne correspondante extérieure
agent essentiel qui s'attache à mes problèmes fondamentaux l'angoisse l'agitation les compulsions
et je donne on le voit de si autres informations scientifiques sur l'autisme
la thérapie acoustique se règle avec mon argent et je suis ravi de pouvoir payer des prestations de services comme d'autres personnes

1. Une doctoresse berlinoise attachée au service de la Santé publique rend visite aux Sellin et demande à Birger s'il est content de sa thérapeuthe (*cf.* la note qui suit) et de sa thérapie acoutisque.

2. Margard Breinlinger, psychologue de l'association berlinoise Aide à l'Enfant Autiste, thérapeute que Birger connaît depuis sa cinquième année et qui, à sa demande expresse, s'occupe à nouveau de lui depuis sa « période d'écriture ».

comme de fins verseaux distingués
je veux être un jour aussi niais quand je serai devenu
un humain de premier rang
non un homme qui crie a des raisons
je crie de peur de désespoir et de détresse
je crois que je me sortirai de mon autisme
veux m'en aller
merci pour l'écoute
je me sens mieux comme revigoré

*26 janvier 93 (le soir)*
une lettre à un monsieur d'ingolstadt
mais notre problème à nous autres autistes est que nous devons nous passer de tous les hommes en dehors de nous-mêmes
je ne connais pas de groupe de handicapés qui vive sur un mode si restreint intérieurement nous sommes comme les autres
fous de l'extérieur
je dirige mon moi intérieur sans pouvoir influer sur ma conduite élémentaire
cette incapacité me paraît être un problème majeur de l'autisme revoir sur la rive de la connaissance
je vous salue cordialement un birger sellin en quête depuis ici-bas non-terre de personne

*27 janvier 93*
vais contribuer à une plus ample diffusion de tous les mystères autistiques

ce qui me réjouit énormément
mais je le répète un titre simple
il devra s'appeler pour de bon
moi sans nous du monde-sans-moi [1]

*28 janvier 93*
en moi c'est la révolution
les autistes se mettent à l'écriture tout simplement
dans quelque temps nous serons à coup sûr des gens qui valent la peine ce sera une évidence pour tous les prétendus connaisseurs
car c'est grâce à nous que des connaissances voient le jour
qu'une humanité civilisée inculte et niaise a perdues
j'ai tant d'idées en moi mais seuls des éclats accèdent à la lumière glacée
je sais comment agissent les phrases les mots comment on les entend intérieurement
mais à l'extérieur c'est différent sans contrôle de mondes intérieurs
je me réjouis des auditeurs subjugués
mais une réponse par écrit est importante à mes yeux
ainsi qu'une répétition d'une manifestation parmi nos collaborateurs visiblement incapables
qui recommencent à donner des coups d'épée dans le vent parce qu'ils ont un superordinateur performant dont ils ne savent pas se servir
monstrueuse histoire chichiteuse

---

1. Birger propose un titre pour le premier livre.

*29 janvier 93*
sans sucreries je vais bien mieux
je résiste ferme et je veux faire d'urgence un régime
j'espère que vous m'aiderez à combattre ce gros dondon de birger le vilain toqué repoussant

*30 janvier 93*
si des larmes coulaient à nouveau il serait possible de vivre sans cris [1]

*31 janvier 93*
pour se développer efficacement et redevenir un être extraordinaire
j'ai un besoin extraordinaire d'adaptation tâche follement importante pour un but visible et important
en plus de ça je désire un anniversaire dingue et agréable avec encore des cadeaux classe
je suis un birger infantile et niais
et je me réjouis même de recevoir des babioles

*1er février 93*
c'est embêtant j'arrive pas une fois de plus à célébrer en beauté les fêtes hyper birgerophiles
tout simplement trop agité pour me plier à l'un de tes caprices obsessionnels en faisant une promenade absurde

1. Birger n'a plus pleuré depuis sa prime enfance.

ça s'est avéré idiot [1]
ne sois pas triste je vais tirer une leçon de ce jour
et puis les cadeaux sont tout simplement super
leur choix délicat plein d'astuces
que quelqu'un comme un solitaire ne puisse pas s'exprimer correctement c'est pénible
même un simple merci
cadeau approprié que ce walkman
qui sera manié cette fois de manière appropriée

*2 février 93*
mais l'ambiance redevient glaciale
quand je crie
je ne le veux pas non plus
mais je n'arrive pas à réprimer
parce que je suis trop dépendant
le champ des compulsions dures prend une ampleur considérable
je déteste ça
mais je n'arrive pas à lutter contre
en plus devoir entendre ça
fout la famille en l'air
c'est presque trop
je plonge alors dans des compulsions plus sévères encore
il importe de dire quelque chose de gentil sur le mode raisonnable à des solitaires

1. Birger a eu une crise de hurlements en allant se promener le jour de son anniversaire.

birger va s'en sortir
un jour extraordinaire il ira même jusqu'à en rire mais
veux aussi accepter le birger confus de tous les jours
parce que sinon je pète encore les plombs
mais je ne veux pas non plus être autiste
je resterai sans doute bientôt autre que les autres

*3 février 93*
je parlerai vraiment quand nous nous serons sortis du monde forêt vierge

*4 février 93*
veux écrire une réponse efficace à elisabeth [1]
chère elisabeth extraordinaire
sans être véritablement témoin de ta nouvelle famille
je veux te souhaiter une vie simple vraiment chaleureuse et sûre les connaissances et de la sagesse
tu vas faire naître une joie en moi
avec toi naît le souvenir d'heures joyeuses et vraiment très marquantes de l'enfance
tes gâteaux super tes boissons
jamais personne n'était nerveux chez toi
tous pouvaient être incroyablement détendus
ton domicile était un havre de paix dans la jungle de kreuzberg
et comme jan [2] s'occupait sans arrêt de moi avec affection

1. Amie de la famille Sellin depuis l'enfance de Birger.
2. Jan est le fils d'Elisabeth.

je n'oublierai pas
je l'aime beaucoup
par l'écriture quelque chose de nouveau peut se dire
et le non-dit se communiquer enfin avec certitude
je veux te revoir un jour c'est un désir ardent
mais un salut de toi est comme une heure décisive
qui aura des répercussions sur mon âme inquiète et solitaire
je te salue d'une manière profonde aimante et sûre
l'ermite vraiment reconnaissant non dénué de joie
qu'est ton birger sellin de wannsee
où nous avons trouvé un domicile dément
où nous cherchons la vie
et avons vécu les prodiges qui nous cherchaient
salue jan et ton autre famille la nouvelle

*5 février 93*
veux écrire une lettre importante à uwe
cher uwe
j'habite comme toi dans une famille
mais je me voudrais très seul autonome
je veux vivre aussi comme un autre adulte
dans des succès constants et tenaces visiblement petits et cons j'en cherche de plus grands du même genre
je veux être vraiment libre
je ne peux vivre en communauté dans un foyer pour handicapés
comme toi je vois dans l'art de très fortes possibilités d'expression

la chose à laquelle je me sens le plus sûrement lié est
l'insigne esthétique de la littérature
je désire quant à moi être un écrivain efficace
ce qu'on appelle un homme de lettres
une sorte d'objet profus et profond
un être qui se confie
qui s'investit généreusement
qui en solitaire cherche sans compensation reconnaissance et compréhension dans une illustre société
je vais orienter tous mes sens dans cette direction
quiconque est dénué de flair pour les prodiges ne me comprendra pas
mais toi tu me comprends
je te souhaite pareil but
quelqu'un comme toi vit plus que d'autres
quelqu'un comme toi travaille autrement que les autres
il comprend la sagesse insulaire
et connaît les profondeurs de notre existence solitaire
nous étions plus solitaires sans aucun contact
nous résistons à la solitude en nous écrivant mutuellement
quelqu'un comme toi est devenu pour moi un ami inventif
je te salue avec beaucoup d'estime et d'amour ton
birger sellin confus mais qui t'aime fort
affreux jojo et clone pas clair

*6 février 93*
soirée merveilleuse
je suis content que nous y soyons arrivés [1]

*7 février 93*
sans rive est notre univers de folie
glacés sont les vents qui ne me savent pas
inconnue est l'issue

*10 février 93*
veux de nouveau écrire une lettre à la chaleureuse et compétente gisela qui connaît le dehors
chère sensationnelle hyper géniale et super gentille gisela
aujourd'hui je suis de nouveau en mesure de répondre à ton importante lettre vraiment grave
je cerne diverses expériences intérieures importantes
je dois m'investir totalement dans ce qu'on nomme la description de la réalité
tu m'as donné un excellent exemple d'événement aux détails très précis
je vais maintenant consigner ma manière de voir
la soirée donc fut merveilleuse
je me réjouissais d'aller prendre le bus
j'ai même le souvenir de t'avoir bousculée pour blaguer

1. Birger est allé au cinéma puis au restaurant avec sa mère.

je t'ai regardée et j'ai vu dans tes yeux une expression moqueuse et satirique
quand le bus est arrivé j'ai vécu pour ainsi dire une minute de chaos
moi hors sans-moi je n'ai pu m'empêcher de crier comme un pauvre fou je me souviens précisément d'une chose
je ne savais plus ce que nous avions projeté
ni pourquoi tu devais partir
je vis pareils moments comme un obscurcissement intérieur
même anne [1] ne peut rien expliquer en dehors d'une telle situation
elle est aussi pour moi une folle hors-moi
une figure excitée
sans influence
il en va autrement quand quelqu'un m'engueule cela pénètre parfois jusqu'à moi
une fois cela m'a réellement ramené à la raison
l'inquiétude est redevenue trop grande en moi pour continuer d'écrire
je te salue très cordialement
comme un super écolier
qui apprend
ton birger sellin

1. La mère de Birger.

*11 février 93*
veux écrire une lettre à monsieur p.
j'ai été très content que vous m'ayez de nouveau répondu si abondamment
il y a une idée que j'aimerais soulever
vous dites que je dois accepter l'être intérieur en moi
mais moi je veux simplement quitter les réalités insulaires or quelqu'un comme moi est trop solitaire pour habiter comme ça éternellement un pays si sûr envahi de richesses
une véritable solution serait une aide extérieure qui reconduise aux origines de mon existence psychique
mais ce mouvement essentiel d'où vient-il
comment remarquerai-je que je suis près de la source sûre
comment saurai-je avec certitude que j'ai trouvé ce que je recherche
que dois-je chercher
je ne connais que les questions

*12 février 93*
je vous aime comme un imbécile idiot quand vous vous entendez bien

*13 février 93*
je me demande dans quelle mesure dankward pourra m'aider à apprendre à parler
il est si près du but avec les premiers mots
que je sens qu'il est sur le bon chemin

*14 février 93*

veux écrire une lettre à christoph [1]
cher christoph
comme tu écris de manière lumineuse
j'ai été très content je te remercie pour la lettre
une joie unique m'emplit quand je reçois du courrier de quelqu'un dénué de capacités d'expression verbale
un grand espoir naît en moi
à l'idée que nous persuadons les élus doués de parole que des personnes comme les autistes solitaires sont intelligents
et ne doivent pas être rejetés
je veux aussi contribuer à recréer une cellule de réflexion pour les gens normaux
ils doivent nous reconnaître comme de leur espèce et ils doivent écouter ce qu'ont à dire les muets sécuritaires
cher christoph je veux atteindre la sécurité et l'amour dans notre société
et tu es l'un de ceux qui par l'écriture peuvent inciter les gens à une réflexion essentielle
notre objectif commun nous lie
je salue en toi le compagnon d'armes
le champion pacifique de notre dignité et de notre humanité
une solitude d'où s'élève un cri
un mutisme qui à partir de diverses paroles mêlées

1. Autiste muet de Munich âgé de quinze ans qui écrit également grâce à la communication assistée et qui entretient une correspondance avec Birger.

s'élève polyphonique en un chœur des muets
tel qu'aucun chant ne s'entendit jamais
un chant sur la douleur d'une solitude d'une angoisse
d'un espoir que nous sommes seuls à connaître

*22 février 93*
il est absurde de prétendre que je ne ressens rien
ces affirmations incroyablement stupides sont glaciales
une sensation chez moi est plus profonde que chez la plupart
un prétendu spécialiste devrait savoir ça
je veux dire à un spécialiste de cette sorte
que nous sommes tout autres que ce qu'il écrit
nous sommes des êtres humains dotés des mêmes sentiments que les gens normaux
je veux que tous les spécialistes le sachent monsieur j. aussi [1]
dont un birger a lu le livre
et je lui écris aussi une lettre
tu peux lui envoyer ça pour essayer d'opposer un contredit à ces affirmations fallacieuses
histoire aussi de résister à des livres aussi délétères que le sien
j'en suis incroyablement mortifié
comme quelqu'un à qui l'on retire tout

1. Psychologue de Hambourg qui, dans un livre sur l'autisme, affirme, entre autres choses, que les enfants autistes éprouvent peu de compassion pour les autres.

*24 février 93*
veux écrire une lettre à un certain j.
cher monsieur j.
j'ai ressenti une profonde tristesse
quand j'ai lu sans réels préjugés votre livre
j'ai retrouvé là un ramassis de préjugés de ceux que quelqu'un comme nous a entendus toute sa vie
à tous les préjugements habituels s'ajoute celui qui semble le pire
nous n'aurions pas de compassion
nous éprouvons ces sentiments mais nous ne pouvons pas les montrer
recommencer un programme de recherche sous le contrôle de personnes autistes serait une aide réelle
aujourd'hui je me contente de vous écrire cela car la douleur causée par vos écrits est encore trop vive
recevez les salutations de
birger sellin
l'un de cette multitude
qu'on rend plus que solitaire par de fausses théories
vous êtes un bon thérapeute
et vous apporterez une importante contribution à la science si vous savez nous comprendre vraiment
je respecte votre engagement humain pour nous autres autistes
vous devriez ne pas vous fermer à de nouvelles connaissances
les autistes sont des êtres humains riches de connaissances essentielles

*25 février 93 (l'après-midi)*
veux écrire une lettre à uwe
cher uwe
j'ai reçu ta lettre et j'ai réfléchi intellectuellement et littérairement à la notion réelle d'amitié une chose est sûre des amis peuvent sans connaissance trop agité à l'intérieur
rr

*25 février 93 (le soir)*
ça s'est de nouveau envolé sans crier gare d'abord la paix

*26 février 93*
je sans-moi veux être guéri

*27 février 93*
je me sens de nouveau comme avant [1]

*28 février 93*
quelle stupidité encore une mauvaise excuse comme d'habitude
si je vais mal alors c'était le traitement

---

1. Birger commence un traitement homéopathique auprès d'une doctoresse de Berlin. Il sent par moments qu'il replonge en enfance à cause de ce traitement.

si je vais bien c'est encore lui
je sens que le vieil autisme revient
c'était épouvantable d'être plus seul que la solitude
dans la formation de ma volonté
effroi d'une enfance sans relation humaine
une enfance sans évolution sans un ami

*1er mars 93*
je veux écrire une lettre à uwe
cher uwe
je veux simplement te dire merci pour ta gentille lettre
vraiment circonstanciée
je ne peux pas beaucoup écrire
j'ai la tête à l'envers
j'ai pris un excellent traitement
dont j'espère qu'il me donnera un esprit paisible
c'est vachement efficace
intérieurement je redeviens enfant et tout est rose à souhait
mais je ne peux plus vraiment écrire de la poésie
je n'arriverai à une expression hyper personnelle que dans quelque temps reçois un salut aimable et important de birger saint mal sain
je te remercie pour toutes tes paroles d'amitié

*2 mars 93*
l'envie revient d'inventer des âneries je m'éclate et je suis tout aussi bête qu'avant

*4 mars 93*
je n'éprouve pas une volonté farouche en ce moment une lenteur folle m'envahit une lenteur simple et apaisante drôlement belle et qui dure

*5 mars 93*
pour des raisons x ou y ça fait du bien de se sentir à nouveau comme un enfant d'être simplement aimé dans l'insouciance et basta un vrai repos

*6 mars 93*
comme je suis dans un état d'extraordinaire confusion je n'écrirai pas aujourd'hui mais moralement c'est super classe sentiment prodigieux mais il en va autrement à l'extérieur quelle stupidité que cette apparence idiote

*8 mars 93*
dire sans détour à gisela qu'une lettre viendra plus tard trop chamboulé une rechute autiste maison s'est déclarée

*14 mars 93*
savais-tu que super birger a redécouvert une vieille habitude autiste éculée le ruissellement [1]
tu veux savoir si j'avais aussi des douleurs
j'ai des maux de dents terriblement tenaces
je me traîne alors misérablement sans rien pouvoir faire
cette dent cassée a toujours été un vrai fléau
informer que je tiens le coup c'est de la foutaise
je préfère avoir mal plutôt que de gémir et dire que je ne le supporte pas

*16 mars 93*
je m'efforce visiblement de disparaître parmi les masses d'autistes dire que la médecine extraordinaire est responsable est de la foutaise
je suis malade et j'ai le nez bouché au bout de quelques secondes
je vais vachement mal

*20 mars 93*
pourquoi tous les systèmes de l'en-monde rendent-ils si solitaire

1. Un comportement typique de l'autisme — sinon le comportement autiste par excellence — est la répétition stéréotypée de séquences gestuelles immuables. « Faire ruisseler » des billes ou du sable fut pendant des années l'occupation favorite de Birger. Le traitement homéopathique fit resurgir cette habitude.

*21 mars 93*
vous avez un extraordinaire un excellent birger confus
comment se fait-il que la personne dégénère en solo
je vais à nouveau écrire bien plus
dire ce qui se passe
pourquoi ça ne va pas
tout m'est difficile
à peine si je peux encore penser
il y a aussi les maux de dents mais surtout le chaos intérieur

*23 mars 93*
excellent résultat ce remède académique fait un effet dingue j'aimerais tellement recommencer à écrire plus

*24 mars 93*
un répugnant birger sans-tout malin comme tout ne peut plus écrire
comment trouver une orientation efficace si je ne peux rien dire à une personne

*26 mars 93*
veux écrire une lettre à uwe
cher et précieux uwe
je veux vite t'écrire une lettre

quelqu'un comme toi a su me consoler et m'encourager d'une façon super
je te remercie comme quelqu'un de l'autre rive
je ne peux pas encore beaucoup écrire un jour j'écrirai plus à nouveau
je salue en toi mon ami qu'on dit fou à lier
avec un amour d'une force inouïe
je t'estime
personne ne sait mieux que toi comment je vais
mais des compteurs de mercis transmettront mon merci
somme extraordinaire incommensurable
que te parvienne aussi une somme extraordinairement élevée d'autres saluts solitaires
de la part de birger l'être-hors-caisson
extraordinairement essentiel

*27 mars 93*
veux écrire une lettre extraordinairement urgente à gisela
je n'arriverai pas à écrire une vraie lettre aujourd'hui
pas encore mais c'est pour bientôt
j'ai encore besoin d'un peu de temps
c'est toujours le chaos en moi mais ça va mieux
c'est la béatitude
beau sentiment
l'angoisse a l'air plus inoffensive qu'un animal domestique dans une foutue cage

*28 mars 93*
je vais vaincre un bon défaut irritant prétendu tel qui se réinstalle
je veux parler de l'auto-agressivité
un jour j'y arriverai
mais c'est encore prématuré
que dis-tu donc
je ne peux pas encaisser ta chère intonation idiote
cette façon que tu as de répéter d'un air entendu ce que j'écris
je le sais moi-même ce que j'ai écrit
ta glose est inutile
alors tais-toi plutôt
car parler est néfaste en ces temps difficiles

*29 mars 93*
les titres sont autant de colifichets chatoyants vils et serviles réduisant les valeurs compactes

*3 avril 93*
des institutions comme nous en avons ne doivent pas exister
elles vous embrouillent grave sacrés autistes idiots espèces de fanfarons irritants qui sont aussi autistes que nous
je veux
quelqu'un comme moi veux car cela me déchirre de devoirt vous dercevoir [1]

---

1. Birger a une crise de hurlements pendant qu'il écrit.

je vouxs vois aussit comme d'affreux égoïstes qui me détruit pour des raisons ignobles
vouhs voulez que jeu ne guérisse pas pour avoir la paix
jeh ne vous crois pas
vouss mentez vous n'êzsq que b on
j'écris pour d'auttres non pour
uun jour un vous verrez que je pourrai vous aimer de nouveau unn jour je ne vous jugerai plus un zttz jour sans agit ation intérieure jeh vous
ACCEACCEPTTERAI DE NOUVEAU
UN JOUR VOUS VER REZ COMBIEN VOTRE
FI LS VOUS EST RECONNAISSANT
J'Y CROIS FERMEMENT
JE LE SAIS
JE TIENS À LE DIRE POOUR QUE VOUS TENIEZ LE COUPP
JE VEJ VEUX TOUT FAIRE POUR NE PLUS CONNAÎTRE
UN JOUR LE SARRCASME ETT LA MOQUERIE
UNE OBSCURITÉ IRRITATANTE ME TIENT SOUS SON JOUG
J'AIMERAIS TELLEMENT ÊTRE BON SIMPLEMENT UN ÊTRE HUMAIN
MAIS COMMENT QUELQU'UN QUI NE DISCERNE AUCUNE CHOSE SÛRE
POURRAIT ÇA QUELQU'UN QUI NE SAIT PAS CE QU'EST MERCII NI SE VOUER SIMPLEMENT À UN AMOUR
QUELQU'UN QUI NE SAIT PAS QUE L'EAU COULE D'YEUX EN PLEURS L'EAU DE LA GUÉRISON
QUELQU'UN COMME MOI QUELQU'UN COMME UN DÉCHET BESTIALL
JE VEUX PLEURRER PLEUEURER
CRIER ME REMPLACE ON DIRAIT

## LA SOLITUDE DU DÉSERTEUR

POUR NOMMER DES RESTES DE PEUR
J'HABITE AU LOIN
NE CONNAIS QUE DÉSAGRÉMENT ET LA JOIE SE MÉTAMORPHOSE
D'ABORD EN AGITATION AUTTISTIQUE SOLITAIRE PUIS EN HURLEMENTS IMBÉCILES AGITÉS ET TERRIBLES
VEUX LA SÉCURITÉ DE VOTRE AMOUR
JE VOUS CKROIS
MERCI POOUR LA SOIRÉE
n'est-ce pas trop pour margard
je la remercie également
j'ai pour elle un amour immense et je lui veux du bien
elle est parmi les hommes une île insigne de puretée
je suis inquieht mais je trouve la quiétude dans un amour persévérant et d'abord dans vottre patience
je ne peux pasqs vivre sans amour

*4 avril 93*
veux écrire une lettre à uwe
directement pour des raisons graves
suis distrait
vidé à l'excès

*13 avril 93*
il arrive que quelqu'un se raconte des histoires
je trouve simpliste de simplement guérir et ne peux pas y croire
personne n'est plus tourmenté que moi en ce moment
et je trouve cet état actuel effrayant

*Question* : TE SOUVIENS-TU DE L'ÉPOQUE OÙ TON ÉTAT RESSEMBLAIT À CELUI DE MAINTENANT ?
c'était l'époque où je commençais à être adulte
cette époque me laisse un souvenir effrayant
je m'aventurais alors dans l'enfer de l'autisme
j'ai vu les sept frayeurs sans exception
je m'applique à en sortir et je m'enfonce de plus en plus
je m'applique à atteindre les premiers signes de vie nouvelle et à trouver des oasis pour me reposer
mais j'ai échoué dans un désert mortel sans une âme humaine
je pense à mille choses harassantes
et vivre sans écrire est aussi un tourment

*14 avril 93*
d'un côté c'est la solitude qui fait naître la boulimie
d'un autre c'est l'avidité incontrôlée
mais je vis sans contrôle aucun comme si mon insigne cerveau était déconnecté et visiblement atrophié

*16 avril 93*
quelqu'un veut quand même s'accrocher ferme endurer continuellement que la matière brute se change en mœurs de monsieur tout-le-monde
je veux parler du comportement adéquat en toutes circonstances

*17 avril 93*
veux écrire une lettre à uwe
cher uwe je ne vais toujours pas si bien que ça
j'aimerais essayer demain

*18 avril 93*
le repos fait du bien mais pas la solitude
rester ici isole beaucoup

*21 avril 93*
la réalité apparaît dire quelque chose que quelqu'un comme moi ne sait pas très bien interpréter
incroyable comme la réalité se conduit de manière chaotique

*24 avril 93*
je veux écrire une lettre à uwe
la confusion recommence

*27 avril 93*
je veux travailler intellectuellement et devenir autonome

*28 avril 93*
encore une tentative manquée
un important proverbe asiatique
prends patience et attends la réponse asiatique

n'irrite personne à commencer
par toi-même
parce que les asiatiques gardent leur calme jusque dans le stress

*29 avril 93*
pourquoi ai-je l'air différent des autres
on n'arrête pas de me fixer
c'est plutôt chiant
je me sens si laid
je fais un charmant et brave imbécile de cinéma
je peux être l'imbécile de service pour tous les hommes
c'est trop affreux

*30 avril 93*
Je veux écrire une simple lettre importante à uwe
cher uwe
je te remercie pour ta gentille lettre
je suis si content d'être arrivé jusque-là
car je ne peux pas du tout me concentrer
je suis devenu une créature chaotique seulement capable de vivre au jour le jour
mes pensées volent comme d'étranges corneilles à travers mon cerveau
je ne peux ni les contrôler ni les discipliner
en ce moment je souffre de solitude constante
mais surtout j'exaspère mon entourage
par un comportement erroné et des hurlements

je veux aimer et je propage la haine et l'agacement
je n'ai pas encore renoncé à l'espoir de sortir guéri de cette situation
j'ai confiance en la doctoresse
elle me traite avec un remède homéopathique
toute ma famille suit ce traitement
au début je vais plus mal puis une amélioration doit s'ensuivre
je sens que le remède agit puissamment
qu'il me rappelle des accès d'autisme à éviter
je sens que toutes les phrases d'autisme traversées réapparaissent
dans toute leur horreur liées à des souvenirs épouvantables
je sens que l'autisme se cabre comme un cheval sauvage à l'agonie
que se mène un dernier combat
je vais gagner
reçois le salut fervent de ton ami birger
qui ne sombre pas et toi non plus tu ne dois pas sombrer
je t'aime beaucoup et sais que nous y arriverons ensemble

*2 mai 93*
je veux écrire une lettre importante à un robert[1] sauvage et fou

1. Autiste de Lindau près du lac de Constance. Muet, de l'âge de Birger, il écrit aussi grâce à la communication assistée.

cher robert
j'ai été très content que tu m'aies écrit
j'avais entendu parler de ton opération
j'en ai été très triste
mais bien des choses me rappellent ma propre histoire
il m'arrive souvent aussi de devenir sauvage et de me frapper
si je disjoncte souvent c'est que je vois bien que je rate les choses et puis je ne peux pas supporter le mépris
j'aimerais tellement apprendre à réagir comme un être sensé
tu es sûrement de mon avis
et nous devons nous sortir d'un monde qui répand le chaos et l'absurdité dans toutes les directions importantes
je ne connais pas d'issue mais je sais que nous devons nous encourager et nous aider mutuellement
je te salue très cordialement et je pense comme toi que nous sommes visiblement un groupe d'êtres humains qui ont un but commun je veux y contribuer

*6 mai 93*
pour des raisons indignes on débat sans mon assentiment comme ça de démarches importantes qui entravent net mon évolution [1].

---

1. Birger est gardé durant la journée dans le foyer de l'association Aide à l'Enfant Autiste. Cette remarque se rapporte à des conversations entre les moniteurs sur le sort qui lui sera réservé quand il devra quitter le foyer en été pour des raisons d'âge.

je finirai bien par empêcher ce jardin d'enfants merdique vraiment chiant de me salir avec une joie maligne
je ne le supporte plus

*8 mai 93*
veux écrire à madame w.
donc
très chère madame w. extraordinairement fabulo-réelle
je n'ai pu vous écrire pendant tout ce temps parce que
j'ai commencé un traitement homéopathique
et que je n'étais pas capable au début de me concentrer
la première rechute a été si grave que j'ai cru m'enferrer pour toujours dans les abysses des premières années merdiques et misérables de mon enfance
c'était super effrayant
je me suis demandé si je pouvais tout simplement cesser d'exister et je me suis senti totalement seul
un jour je m'accorderai une autre fête des enfants qui ne soit pas effrayante
et un sentiment de reconnaissance m'envahit parce que je peux de nouveau écrire je vois que je fais à nouveau des progrès ce qui me donne un regain de courage j'aspire à vivre d'une manière vraiment autonome au début d'une résurrection folle et sûre je me vois supporter le simple cours d'une journée je

vous salue dans un délabrement inouï car la peur de
ne pas y arriver m'envahit de la pire manière
et tout ce que j'espérais tout à l'heure se désintègre
même la foi dans les êtres humains a foutu le camp
j'ai pourtant vécu tant de bons moments précieux
grâce à eux aussi quelqu'un réalise qu'il n'a pas le
droit de perdre espoir

*13 mai 93*
un cavalier seul et confus comp-étant et tant et plus
finira bien par montrer un jour ce qu'il sait faire des
vœux d'anniversaire vraiment cordiaux et sincères à
jonas [1]
il est un réconfort pour ce vieux birger depuis le
premier jour de sa vie
il est pour moi l'être le plus précieux
sa nature incroyablement joyeuse est un baume pour
mon âme
c'est aussi pour lui que quelqu'un comme moi veut
être guéri
quelqu'un est toujours son ami
quelqu'un n'oubliera jamais son amour
je veux me glorifier de lui
pour un petit frère je veux réapprendre à vivre comme
un être humain
cher jonas
pour l'amour le plus fervent dans un monde pauvre
en amour

---

1. Jonas, le frère de Birger, fête son dixième anniversaire.

je te compose un chant
pour toi si riche de fantaisie
si riche de savoir
si riche de rire
si riche d'idées et de jeux simples et sept fois drôles
fais voler la tristesse en éclats par ton rire
tu es notre rayon de soleil

*21 mai 93*
monsieur kuballa[1] travaille selon mon vœu
c'est pourquoi je veux faire un film avec lui
j'ai confiance en lui et veux collaborer avec lui

*22 mai 93*
je veux écrire une lettre à un monsieur kuballa
comme je l'ai déjà fait au centre
je vous informe brièvement qu'un film avec vous me convient
ce fut une grande joie de vous rencontrer
vous êtes parvenu sans peur à encourager un trublion fâcheux à prendre une décision simple et tardive
mais comment quelqu'un comme moi peut-il rendre

1. Felix Kuballa, réalisateur de la WDR de Cologne. Voulant tourner un film sur Birger il lui présenta son projet. Le tournage eut lieu en septembre et en octobre 1993 ; le film fut diffusé le 3 février 1994 sur l'ARD (*Allgemeiner deutscher Rundfunk*), sous le titre : *Comme une motte de terre prolifère sur l'âme. Considérations d'un autiste muet* ; il fut rediffusé sur la troisième chaîne de la WDR (*West deutscher Rundfunk*) et à la télévision néerlandaise dans une version un peu écourtée.

visible un lieu simultané le chaos intime d'une horreur inégalable qu'est le lieu relevant d'un monde insulaire autistique
moi déserteur d'une gentille race d'autistes
je me défends contre l'autisme
je m'efforce d'être libre
j'annonce à un prétendu monde de normaux
s'isoler faire le mort s'esquinter à mort mener un combat contre soi-même sera de nouveau abandonné volontairement
je veux montrer un véritable autiste un archi-autiste sous-soigné
qui veut passer de l'éternelle solitude de son pré idiot de l'autisme au monde des merveilleux hommes simples
qui ne comprennent pas même combien est merveilleux un monde sans captivité intérieure
je vous salue cordialement et vous donne ma confiance
il m'est très douloureux de ne pas pouvoir parler avec vous
ce sera peut-être possible un jour
un jour vous pourrez continuer de filmer et moi je parlerai moi-même
un jour j'arracherai les liens du misérable autisme muet
un jour je vivrai comme vous et comme tout le monde et serai un ami pour la minorité qui n'a pas non plus de langue
couleront alors ces eaux sub-ouvrantes de la délivrance comme une source qui jaillit du sol curative

une source qui fait naître la vie d'une profondeur de
la terre intime

*23 mai 93*
bien décidé à arrêter de disjoncter en permanence
aide précieuse que ce punching-ball [1] exutoire super

*24 mai 93*
comment continuer à répondre aux lettres de kuballa
un premier contact et tout semble sourire
j'attends d'un film
qu'il filme l'intérieur des institutions merdiques
la manière dont on nous garde comme un troupeau
d'ânes dénués d'intelligence et de dignité humaine
comme des monstres adversaires de la société
comme des lépreux comme de grands criminels à
jamais hors normes
je veux aussi montrer les absurdités autistiques
mais je les interpréterai et les expliquerai aux gens
car chaque absurdité a un sens profond comme tout
chez nous revêt un sens
notre monde n'a pas sombré pour toujours dans
l'insensé comme on le suppose
notre monde au contraire est pareil à un système

1. Sur l'incitation d'une doctoresse, les parents de Birger achètent un punching-ball afin que leur fils essaie de détourner vers cet appareil l'auto-agressivité qui le prend par phases (Birger se frappe et se mord quand il a des crises de hurlements). L'effet désiré ne s'est malheureusement pas produit.

d'antennes de sécurité essentielles né d'îles fabuleuses
un normal sédentaire ne déchiffrera pas ce système quoi qu'il tente
je pense que nous seuls en sommes capables de par une expérience réelle et constante
nous décrypterons l'autisme grâce à la pratique de fabuleux systèmes insensés
comment faire le lien entre une réalité irritante et la vie simple voilà la question fondamentale
comment tout simplement effacer la vie adverse irritante et la transformer en renouveau réellement élu et choisi en richesse digne d'être vécue

*28 mai 93*
veux écrire à gisela
foutaise
l'idiot que je suis veut écrire à d'insignes éducateurs [1]
marginaux à l'aspect glacé
chers éducateurs
sachez que je vous aime c'est miraculeux
même si un grand chagrin m'habite parce que bien souvent nous ne nous sommes pas choisis
mais que nous grandissons au gré de circonstances problématiques
au gré d'événements aggravés d'un côté et de l'autre par ma folie

1. Birger parle des moniteurs du centre.

nous avons été construits et assemblés comme les canaux d'une seule eau
je vous remercie pour votre patience
je vous remercie pour votre engagement
que de fois j'ai voulu vous montrer ce que je pense vraiment
je n'y suis parvenu que rarement
je n'ai pu supporter certaines choses parce que des forces défensives et de refus me dominaient
les situations me sont souvent apparues comme des sources d'exaspération parce que trop bruyantes et constants sujets d'énervement
j'ai gardé dans mon cœur votre gentillesse votre effort de me comprendre
ils me donneront du courage pour mes conditions de vie tout autres et d'un genre nouveau
je ne saurais jamais assez vous remercier
car j'étais un autiste plutôt dégueulasse
énorme d'idiotie héritée
et spécimen du neandertal de la pire espèce

*1er juin 93*
les gens n'aiment pas spécialement voir un radoteur comme moi
veux devenir quelqu'un qu'on aime voir
un film montrera combien je suis handicapé
je pense que cela va me choquer mais j'y tiens
pour que tous comprennent que l'extérieur et l'intérieur sont comme des mondes fabuleux immensément séparés

et que rien ne relie ces mondes ensemble
hormis l'écriture

*3 juin 93*
encore un jour qui ne s'est pas achevé parmi des élus
dans les élus je vois d'abord des gens comme notre erik[1] nullement infaillible
il est élu en ce sens qu'il perçoit exactement quelqu'un de perdu qui se retrouve à la rigueur faute de mieux dans quelqu'un d'autre
erik est quelqu'un qui reconduit simplement ce qui est louable
dans son ingénuité intime bercée de légende les autistes connaissent plus de liberté comme quelqu'un qui éveille en nous une attitude noble
quelqu'un se voit de nouveau pressé en nombre croissant dans des sillons
mais quelqu'un ne joue pas le jeu
quelqu'un est là qui défend un ours abruti
quelqu'un est pour moi un zélé partisan de rechange
c'est vraiment bien d'avoir fait sa connaissance
maintenant en cet instant politique un jour je marcherai avec lui en égal et la triple buse que je suis lui dira tout
un jour je verrai le jour où nous parlerons comme des amis

1. Un nouvel éducateur du centre qui a réussi à écrire avec Birger dès le premier essai. Il devint son moniteur préféré et son premier ami non handicapé si l'on peut s'exprimer ainsi.

un jour je désire avoir un ami véritable qui soit vraiment mon égal et qui parle
un ami que j'aide et qui m'aide.
un ami qui échange avec moi d'importantes pensées sans éducateurs élus
qui conçoive des pensées debout et puisse parler de tout avec moi

*5 juin 93*
tu repars en voyage [1]
je tremble sans toi veux simplement que si tu meurs tu un birger soit interné veux vivre sans aide une vie autonome quelqu'un d'autonome n'est pas un poltron

*7 juin 93*
la vraie tête d'œuf ça ne va pas durer éternellement
quelqu'un va sombrer de nouveau et une créature se dresse
une créature aux traits humains
et à la démarche droite
une expérience faite aujourd'hui me donne de l'espoir
une grande joie remplit un ressuscité
prudence amabilité simple voilà les caractéristiques des sages collègues appliqués [2]

---

1. La mère de Birger se rend à un séminaire sur la communication assistée.

2. Birger a fréquenté pour la première fois un centre de jeunes apprentis pour handicapés de Berlin-Zehlendorf. Il n'a pas réussi la période probatoire de quinze jours et fut « rendu » à ses parents au bout de trois jours car les autres jeunes avaient peur de lui.

*9 juin 93*
plutôt saumâtre l'entrée de votre insigne fils dans cette soi-disant super boîte pédagogique [1]

*10 juin 93*
veux faire des choses bien plus utiles
l'erreur c'est que je mets en scène mes angoisses pour obtenir de l'affection
l'agité idiot que je suis erre en tous sens et cherche un appui compatissant
la volonté seule n'a aucun effet il faut un point d'appui
quelqu'un qui me veuille du bien
quelqu'un qui puisse également lâcher prise
quelqu'un qui soit un penseur du dedans et puisse apporter une direction nouvelle à un original passé au crible
quelqu'un qui soit familier d'une sagesse de funambule et préserve l'homme-sans-soi de la chute

*11 juin 93*
je veux d'abord savoir comment faire de moi un adulte émancipé que l'on prenne au sérieux
l'agité stéréotypique que je suis débite ses stéréotypies tendancieuses
mais je veux vraiment devenir écrivain
c'est mon autre vœu hyper important

1. Birger commente le refus du centre de jeunes apprentis.

j'ai fait mes débuts avec ce livre
la presse ne manquera pas de l'éreinter parce qu'il est tout simplement trop difficile à lire
je veux écrire un livre qui aille tout simplement vers des lectteurs et qui soit impersonnel
un roman qu'on dit significatif donc

*12 juin 93*
je reconnais qu'une agitation constante régresse un peu mais on peut encore se demander pourquoi quelqu'un continue de crier
c'est terrible d'exister avec ça
je me suis malheureusement fait piéger dans ce centre de jeunes apprentis
sans offenser de personnes omnipotentes sans m'excuser de manière insensée j'ai créé pour elles de rudes épreuves
je dois en répondre
juge par toi-même
je suis super désireux d'avoir un métier je veux être de préférence penseur et poète
cuisinier est hors de portée unc formation serait impossible je n'ai pas de diplôme de fin d'études
il faut donc que je veille à me caser

*13 juin 93*
il est vrai
qu'un comportement diffamatoire est décourageant
les paroles rudes et vulgaires me découragent

je dirai un jour à un groupe d'éducateurs à l'action inflexible ce qu'on ressent au sein d'un groupe supérieur plutôt imposant une chose est sûre nous vivons les situations différemment
il apparaît clairement que nous ne pouvons pas exprimer de sentiments nobles simples ou bouleversants
c'est pourquoi naissent constamment des malentendus glacés qui détruisent notre relation et favorisent bien des angoisses sur un mode répugnant
je ne connais pas de minorité opprimée qui soit aussi impuissante que nous
mais une bonne relation devrait être ainsi faite qu'un groupe ne soit nullement inférieur à l'autre
pourquoi fait-on la distinction chez quelqu'un entre deux états l'être et le devenir
quelqu'un comme moi veut être admis comme un être humain de premier ordre
maintenant et aussi plus tard bien sûr
comme quelqu'un parmi d'autres hommes
comme quelqu'un qui a également reçu des droits de l'homme bien trans-démis de droit éternel
je vis un grand tournant radical de ma vie
et veux être pour les hommes insulaires le champion solitaire de la dignité humaine
*Question* : PUIS-JE LIRE CE TEXTE À L'ÉQUIPE DU CENTRE ?
oui fais-le je veux discuter avec eux et je leur lance un défi

*19 juin 93*
on recommence à jaser sans arrêt sur moi
j'aimerais tellement mettre un terme au commérage
aux propos usants du centre mais on ne peut pas
j'ai cherché une issue par les cris
et une autre par l'écriture mais le succès n'est pas pour demain nous verrons celac où noyer ces paroles sans fin
comme il faut par un travail raisonnable
il est démoralisant de les entendre tous déblatérer
dire que personne ne peut me supporter et que je n'ai aucune chance dans une autre institution
ils veulent mordicus se débarrasser de moi et travaillent mordicus contre moi je le sens très précisément en permanence
je désire vivement sortir de ce centre j'aimerais tellement montrer à nouveau ce que je sais faire prouver à nouveau que je suis capable comme d'autres
j'aimerais retourner dans des écoles qui mènent plus loin comme les autres adolescents qui jouissent réellement d'une formation continue idéale
apprendre en série comme d'autres l'histoire ou simplement les langues ainsi que la littérature
une vraie boulimie de savoir s'est emparée de moi

*20 juin 93*

quelqu'un comme david bennet le super crack pour faire ma voix [1] ça me rend fou de bonheur et ma joie est indescriptible

je pense que nous sommes les solitaires d'une sacrée pétaudière irritant reflet discriminatoire sans équivalent

je veux dire par là que nous sommes les uns pour les autres d'excellents chercheurs de vérité qui ne veulent qu'une chose veuuux de nouveau arrêter je ne pzeusx plus exprimer ce qu'il faudrait dire trop agitéé je veux revoiir un erik super élu déchiré ill me parle comme à qulequun de sensé personne sinom je haais tous les hommes et en praticulier ta misérrable personne tu es tout simplement trop simpliste tout simplement trop bê te un cœur de piere une folle dingue ennemie jurée et donc pas du tout lectrice idiote que tu es je te hais [2]

*23 juin 93*

je pense que tu en aides plus d'un à mener une vraie vie digne [3]

je te suis reconnaissant

quelqu'un comme moi déclenche la peur

---

1. Le comédien David Bennet, connu surtout pour avoir interprété Oskar Matzerath dans l'adaptation que fit Volker Schloendorff du *Tambour* de Günter Grass, s'était proposé pour lire les textes de Birger dans le film de Kuballa. Malheureusement, le projet échoua en raison de l'agenda surchargé de Bennet.

2. Birger insulte sa mère pendant une crise de hurlements.

3. Birger parle de sa mère.

tu en connais un qui pensera toujours à toi avec amour une vie entière
idiot que je suis je m'efforce de te le montrer et je t'attaque
je ne sais qu'être agressif
un jour cela passera je le sais
en quelqu'un notre effort portera ses fruits
je vais grandir me trouver moi-même
je pense que ce temps approche
un jour tout fera que personne ne me méprisera
péniblement captif de mondes-sans-moi
on ne peut que mourir dans l'uniformitude
je veux êtrelibre

*25 juin 93*
vigile valable et vital je veux être un habilité de cette terre
qui sera le fou élu des autres aides
et je veux être aussi plus ferme dans l'irritante et sûre confrontation avec le monde
autre tâche actuelle soumettre aux éducateurs que nous sommes des êtres divisés
extérieurement et intérieurement
ils ne voient extérieurement que des comportements confus et effrayants mais intérieurement nous sommes des êtres vraiment sensibles en quête de leurs semblables et pleins d'idées
d'un monde affectif indéniable
d'une faim effrénée de choses telles que la vérité
les connaissances dans tous les domaines

j'invente mille manières de vous atteindre
un jour je vous convaincrai vous aussi
je sais qu'un jour nous parlerons ensemble tels des partenaires égaux en droits
un jour fou nous restituerons à une nouvelle génération d'autistes une dignité qui leur fut ravie d'une manière incroyablement effrayante
vraiment heureux nous entendrons un parler d'une bouche unique
un être humain a retrouvé sa valeur

*27 juin 93*
je veux remplacer un être de terreur par un être de respect ami des enfants

*28 juin 93*
et savais-tu que je redécouvre un désir de vous
j'aspire bien souvent à la tranquillité intérieure et veux vivre en paix avec vous
il n'y a qu'à la maison que je trouve une compassion digne apparemment sincère qui ne ment ni ne meurt partiellement du moins disons qu'ailleurs c'est rare
et je réalise combien un comportement pénible vous affecte
veux être à l'écoute comme je ne l'ai pas fait depuis des lustres
comme les parlants devraient le faire même s'ils ne le font pas souvent
veux questionner

veux répondre
je ne le peux que si difficilement
cette satanée agitation est vraiment énervante et ces cris compulsifs
veux tout simplement ressusciter
une vie simple
je traverse de sacrés abysses de folie enfers exquis d'une répugnance folle
personne ne peut comme moi jeter la pierre à quelqu'un comme dankward
je l'aime par-dessus tout
son amour sa patience sont fabuleux
si je me montre un peu critique
c'est parce qu'il a si peu de temps
quelqu'un comme moi tient à le qualifier d'homme hyper bon il m'est très peu étranger au fond
il m'est un peu apparenté dans ma misère
c'est pourquoi il doit supporter tant d'angoisse

*29 juin 93*
quelqu'un comme moi veut remplir coûte que coûte les exigences de l'école[1]
mon unique rêve est une vraie école
je veux tout apprendre coûte que coûte quelqu'un montrera combien il fut gravement mécompris

1. Birger réagit aux efforts que font ses parents pour lui trouver une école.

*5 juillet 93*
j'ai pour erik un amour dingue
quelqu'un comme lui est mon substitut d'ami dans ce végètement dingue et sans but
et quelqu'un comme lui voient en moi un être humain
quelqu'un qui s'évertue aussi à se confronter hardiment à une situation encore un jour sans succès
je me ressens comme imprévisible et glacé
l'intériorité sans différence ne peut pas vraiment devenir efficace personne ne doit faire abnégation de soi
je désire un ami
je commence seulement à réfléchir à l'éventuel travail exigé pour coexister avec quelqu'un comme birger le brouillon
*Question* : POURQUOI T'ES-TU MONTRÉ AGRESSIF ENVERS TYCHO[1] AUJOURD'HUI ?
d'un côté je trouve que tycho est comme les autres psychologues
il ne veut pas reconnaître ma vraie personne
sans la reconnaissance de ma vraie personne intime et solitaire il ne peut pas me traiter correctement
je le barbe et il est obligé de tuer le temps avec moi
quelqu'un comme moi ne le supporte plus du tout

*6 juillet 93*
nous ne souffrirons plus longtemps
je vois naître un temps nouveau

---

1. L'auxiliaire de Birger jusqu'à l'automne 1993.

un temps sans désolation
un temps de joies qui se réveillent
un temps comme le vivent des humains sédentaires
maîtres d'eux mûrs intérieurement
profonde est ma peur fossile d'échouer à nouveau
sans la peur je laisserais éclater une belle allégresse
la joie de pouvoir fréquenter une école [1]
je veux dire qu'une si bonne nouvelle émanant du monde de l'administration scolaire autoritaire est vue comme une victoire humanitaire à la puissance dix
elle redresse un espoir en moi
que notre système social soit encore et toujours capable et sûr de son objectif de prendre enfin des décisions tout simplement convenables face à des questions téméraires pour une oasiale solution
je ne manquerai pas d'aimer à nouveau une simple société clémente folle et sincère une société nullement parfaite et pauvre en lois

*7 juillet 93*
mais veux redire que j'aime aussi tycho
il m'a beaucoup aidé
dire qu'il est dégoûtant est de la foutaise il fut un bon ami
je remercie veux simplement remercier un tycho
il est chaleureux et sincère

---

1. Une école berlinoise où des adultes préparent le bac s'est déclarée prête à prendre Birger comme candidat libre (voir les précisions sur le parcours scolaire de Birger dans la postface).

ce qui est pénible c'est qu'il n'a tout simplement plus compris un birger au bout d'une année
je tiens à lui mais le temps est venu de faire de nouvelles expériences
je ne veux tout simplement pas dire du mal de lui
c'est un être humain important dans une existence d'autiste un peu barge
il garde une place insigne dans un cœur birgerien
je ressens de nouveau de l'attachement c'est fabuleux
mais je ne l'oublierai pas
il restera une part de ma vie

*15 juillet 93*
birger qui a disjoncté a de nouveau inventé des cris de peur bleue
c'était la peur d'être laissé seul
la vision folle de la mer [1] avec les roches et le vent me fascinent au point que je marche devant moi sans penser
une perte de soi a lieu
être-hors-moi est merveilleux
c'est un chemin qui s'éloigne de moi
je m'effraie quand la réalité revient
je crains alors le retour
ton rappel à l'ordre insensé était dans mes oreilles
comme l'appel strident de la sagesse type
j'ai dû rentrer dans la triste réalité
j'ai dû regagner mes manies

1. Birger fait un voyage en Suède avec sa famille du 15 au 31 juillet.

ma peur
ma répugnante existence d'idiot
je hais mon autisme
je ne peux plus le supporter
trouver des îles de joie
parler de choses importantes et vivre des moments de folles sottises est un rayon de lumière
je me sens très heureux dans la folle nature
ma famille paisible et spirituelle est une joie

*19 juillet 93*
encore ces cris
cette fois on pense à tort ô combien qu'un birger seul n'est pas en mesure de réagir convenablement dans cette région
je sais à présent que la région a des marécages
mais je veux malgré tout arrêter les hurlements forestiers
j'ai été très heureux aujourd'hui au bord de l'eau
j'ai pu être libre et sans peur
pourquoi n'est-ce pas toujours comme ça
je découvre un grand amour pour la nature
elle parle à quelqu'un comme moi dans une langue silencieuse très précise
elle vous travaille l'âme comme un super médecin

*20 juillet 93*
je veux être quelqu'un qui ouvre la voie aux extraordinaires

je veux être ce qui encore et toujours m'apparaît riche de sens
un individu qui prodigue ses connaissances depuis le monde souterrain
un monde de connaissances pures et sans mélange
comme seuls des anachorètes inquiets peuvent en avoir
le radical fou et sage que je suis conduira dans les profondeurs de l'existence humaine
qui fait apparaître notre folie raisonnable
et folle la normalité

*21 juillet 93*
je te demande d'être à la maison
quand je rentre d'une promenade solitaire visiblement épuisante
c'était merveilleux parce qu'en plus d'autres valeurs
c'est la solitude qui est vraiment l'essentiel
la vraie solitude qu'on choisit soi-même
c'est au cœur de pareille solitude seulement qu'on sait qui on est soi-même

*24 juillet 93*
encore des cris
c'était une peur car j'ai constamment peur de recommencer à disjoncter tout simplement et cela sciemment
peur à nouveau que dankward nous quitte

je sais que c'est absurde mais ces peurs siègent là en profondeur
parce qu'il dit souvent qu'il ne le supporte plus
et puis ses réactions sont parfois celles de quelqu'un qui préfère tout envoyer dinguer
je sais que je lui complique la vie sa chienne de vie
mais je n'arrive toujours pas à mener une vie vraiment raisonnable
s'il me donnait davantage de temps la tâche d'un birger extraordinaire serait plus aisée
même quelqu'un comme lui se rendra compte alors que tout cela n'était pas vain
il se réjouira avec moi
il sera heureux de son fils
de ce qu'il réalise et de ce qu'il sait faire
il chantera et dansera quand il reverra ce birger fou à lier en personne respectable
c'est en vain qu'il cherchera alors un birger béton solitaire et confus
je sais que je serai guéri
j'attendrai les eaux de l'homme en pleurs et le fleuve fabuleux des super sources de la consolation de tous me profitera aussi
ne t'irrite pas de ce que je me frappe
il est si difficile d'écrire

*25 juillet 93*
je veux dominer les cris car ils me dominent

*26 juillet 93*

j'étais à nouveau un marginal très insupportable et
hurlant pourquoi je n'en sais rien moi-même
c'était si beau seul une paix fabuleuse
cette peur idiote qui revient sans cesse m'agace tout
simplement une peur de nature impersonnelle
une peur voleuse de paix étrangère à la nature
une peur continuelle incessante
des seaux de peur irritante en ébullition
comme une masse de lave se répand sur la terre
ainsi se répandent à l'intérieur les fleuves de peur
avec une extraordinaire une fabuleuse et folle
puissance sur quelqu'un comme moi
quelqu'un comme le pauvre birger cause une
souffrance innombrable et terrébrante
quand viendra le temps de la joie
birger est plein de nostalgie
ça me plaît beaucoup ici
mais je ne peux pas trouver le repos
une éternelle dissension trouble les moments les
plus profitables
la dissension le désordre tendent intérieurement la
main à un autre défaut c'est la part auto-agressive et
criante c'est une danse teutone de trois ennemis jurés
en moi une ronde éternelle d'exubérants diables
intérieurs
figures d'eau nées de la profondeur de piètres aéro-
sauriens essentiels tels qu'il en existe encore dans des
univers de chaos intérieur

*27 juillet 93*
passer toute la journée dans la solitude au sein d'une famille glace les nerfs
j'aimerais tellement entreprendre quelque chose
je suis encore apte à me balader dans une ville de manière pacifique
je trouve que vous êtes trop anxieux
quelqu'un comme moi aimerait découvrir plus profondément un pays étranger
je ne détruirai pas une pure idylle idéale c'est sûr
je sais que mes cris remettent tout en question
mais ça va mieux quand vous me stimulez

*28 juillet 93*
ce jour est vraiment mémorable
un jour réel très important un immense et pur succès
jour d'un lieu de baignade impressionnant dingue et dignifiant incomparablement beau et avec ça des herbes des pierres de quoi réjouir immensément les yeux
une force bénéfique et spirituelle émane de la nature

*31 juillet 93*
un solitaire veut de nouveau faire partie de vous
quelqu'un est apte également à porter parfois les valises car il est fort
je peux porter les choses les plus lourdes
moi solitaire birger-est-un-monstre

*5 août 93*
les fragmenteurs sont ceux qui ne voient que des fragments d'un être humain

*8 août 93*
birger la tête d'œuf recommence à se cultiver
vachement fier d'avoir tenu le coup une semaine sans cris ni hurlements
j'y arriverai complètement
sans cris je serai délivré de mille tourments idiots
en fait je m'isole beaucoup
je veux devenir hyper omnipotent pour ce qui est de l'écriture

*9 août 93*
une vraie école est le rêve suprême le rêve réel et solitaire qui anime le plus fortement super birger à part devenir écrivain
à partir de quels simples désirs les hommes super construisent-ils leur vie ensemble ?

*16 août 93*
une lettre à uwe
cher uwe
voici longtemps que je ne t'ai pas écrit
je veux simplement dire que quelqu'un comme moi ne t'a pas oublié
l'ermite humain que je suis vit en ce moment un tas de choses coriaces et dingues

tout en est au stade du devenir
des états d'être le cèdent à des accès de palingénésie inouïs hors nature
je m'applique à tout te dire mais ça redevient trop difficile préfère arrêter là
je m'appliquerai plus tard à tout te décrire hyper simplement
fatigué du voyage je t'adresse dès aujourd'hui un simple salut solitaire
ton ami lessivé
toujours inventeur d'inepties
birger de berlin

*17 août 93*
quelqu'un comme moi ressemblerait aux autres foutaise
j'aimerais bien ressembler aux autres pour de vrai
mais pourquoi tous les gens me regardent
je veux faire un vrai départ important et recommencé
s'il est une chose à laquelle je tiens vraiment ce sont des chaussures en cuir noir
et je veux aussi une veste vachement chouette comme dans le catalogue où tout est si branché page numéro tant hyper simple et chic
prétendre que je ne sais pas préciser la page est stupide
c'est la page vingt et un
je désire aussi une chemise classe comme en ont tous les autres
en mangeant moins je contribue à me fringuer

*19 août 93*
de nouveau exclu parce que tout le monde sait que l'article embêtant va paraître dans le très important spiegel [1]
tous racontent que je ne suis qu'un idiot et en plus ils veulent m'embêter parce que je suis très boulimique

*20 août 93*
encore un inepte acquis asiatique veux arrêter parce que je recommence à dire des âneries je ne peux pas discipliner les pensées folles elles travaillent comme des fourmis sauvages foutaise et des mots se disloquent je ne vois rien de sûr tout se désagrège sur un mode hyper accéléré

*22 août 93*
parce que je vais être pas mal désillusionné
quand on passera le film [2] tous les cris vont cesser
pour des raisons répugnantes
apeasowerma voilà ce que c'est
sans cris une vie est un paradis
veux simplement participer de mon mieux
je serai comme on me le demandera
je m'irrite

1. Les moniteurs du centre ont appris que le magazine *Der Spiegel* va donner en primeur un extrait du livre de Birger.
2. Le lendemain commence le tournage avec Felix Kuballa et son équipe.

mais une telle situation est en fait ce qu'on attend de moi
je veux également écrire pourquoi je fais certaines choses

*23 août 93 (l'après-midi pendant le tournage)*
mais pourquoi ce parler super quand quelqu'un a le sentiment-du-nous
mais veux dire une chose
nous ressentons à partir de réalités qui ressemble à un répugnant bric-à-brac solitaire craint tout simplement la lumière il est réellement difficile de dépeindre une réalité
qui par stries vole réellement la vie simple à un homme

*24 août 93 (le matin avant les prises de vues)*
mais veux retourner au centre quelqu'un comme moi a besoin de ses habitudes
veux recommencer en bien mieux
et aussi dire ce que je pense
la question des perles se repose [1]
pourquoi ça semble tellement énorme rien qu'un jeu venu d'un monde où les couleurs la lumière et les insulaires confus et extraordinaires sont essentiels

1. Birger veut parler de ses stéréotypies, qu'il joue dans le film.

*24 août 93*
extraordinaire de se faire filmer
travail qui fait un plaisir fou
et puis j'écrirai encore
mais je dois beaucoup réfléchir en ce moment pour cette raison j'arrête mais l'écriture reprendra bientôt de plus belle une explication objective aussi pourquoi le ruissellement et le balancement sont nécessaires

*25 août 93*
j'acquiers des connaissances essentielles de mon monde quand je tourne
mais je dois d'abord trier les pensées qui viennent à la pelle
je vis ce travail comme une réflexion consciente sur mes comportements autistes

*26 août 93*
veux écrire à un contemporain erik
important erik
ce sera super quand je redeviendrai un être humain convenable
et ce sera fabuleux d'être quelqu'un comme toi
quelqu'un qui ne crie pas
quelqu'un qui est autonome
nous ferions diverses choses ridicules
et prendrions plaisir à l'art et aux aventures
une reconnaissance judiciaire me déclarerait normal au mépris des juridictions

je me réjouis de voir venir ce temps et je sais qu'il viendra

*29 août 93*
puiser l'eau un jour aux sources amplificatrices de vie

*30 août 93*
veux tellement dire
je veux tout faire pour tout vivre avec vous
un grand jour [1] comme celui-là est une joie certaine

*31 août 93*
de nouveau ressembler à quelque élu marchand de sable sûr
je veux dire que je vais ressembler à un imbécile
parce que j'ai honte d'être si gros
vue qui nuit fâcheusement à mon aspect
quelqu'un comme moi est vaniteux
mais je veux quand même continuer sans accroc le film
car ce que je dis des problèmes majeurs est important
fâcheux cette grande pauvreté d'écriture en ce moment en raison de l'effervescence de cette période
mais je réfléchis beaucoup
je veux aussi le consigner comme personne ne le peut en dehors de nous

1. La famille de Birger fête la parution du livre et du premier article du *Spiegel*.

moi aussi j'ai pris conscience de certaines choses lors du tournage
fabuleux une équipe qui m'accepte complètement comme collaborateur
c'est une expérience très importante et cela me rend heureux un salut très cordial à tout le monde de la part d'un exclu très barge qu'on inclut dans la production cinématographique
moi démente star pensante et très misérable
insulaire à des milles des super cracks de cette société
un jour ces mondes se rencontreront

*1er septembre 93*
des êtres comme moi seraient différents foutaise
nous sommes aussi des types authentiques fâcheusement fous
de nouveau éliminés cette fois parce que nous sommes si fâcheusement extraordinaires
je n'ai pas non plus de pouvoirs télépathiques
un autiste si simple et visiblement archifou
mais pas quelqu'un relevant d'autres mondes

*5 septembre 93*
un birger très fâcheusement génial et barbare veut écrire à une mignonne verena [1]
chère verena

---

1. Jeune femme qui a été la première à écrire à Birger après la parution du livre.

j'ai trouvé tout simplement super que tu m'aies écrit une première lettre inouïe avec des citations d'écrivains légendaires
comme toi j'aimerais réellement atteindre les hommes par le langage comme toi je cherche ces paroles qui ouvrent les cœurs et qui mènent simplement à la compréhension
il est une réalité expressive sous la surface du réel si peu profond
quelqu'un comme moi en sait davantage de cette réalité que des écrivains de renommée mondiale
car je vis dans ces mondes
vie si difficile à supporter que c'est à peine si je l'endure quelqu'un comme moi vit un simple salut un encouragement
comme une oasis une source de joie dans le désert je te salue de l'autre côté de la rive merveilleuse du pays solitaire des misérables voyageurs sans but éternellement en quête ignorant comment trouver un lieu réel de repos
ta lettre fut un apaisement
je te remercie ton birger sellin en effervescence
un écrivain solitaire et vrai œuvrant de par l'errance
un solitaire passe-partout inconnu de par l'errance aux vérités premières
quelqu'un qui vit et ne vit pas
comme à une île comme à une étoile étrangère j'envoie de simples saluts

*7 septembre 93*
veux à tout prix fréquenter une école
je sais que j'aurai du mal
mais je veux y arriver comme la science à cette excellente fac
l'école ne manquera pas de donner à quelqu'un comme moi de profonds enseignements
je veux aussi avoir toutes les matières
et des cours de mathématiques car le mystère des nombres est très parlant

*8 septembre 93*
de nouveau quelqu'un va renaître
qui était jadis perdu dans les nuits-d'aucun-monde
en moi je sens une vigueur toute neuve
une vigueur pareille à l'aigle des mers qui se déploie
empressée pareille à l'aigle
une vigueur psychique à l'aérodynamisme opérant et constant
depuis les profondeurs de la folie
vers les hautes réalités bleu azur
*Question* : POURQUOI CRIES-TU ?
C'est un tel effort voilà pourquoi je crie

*12 septembre 93*
quelqu'un veut écrire à une femme fabuleuse universitaire auprès de qui je veux suivre de simples cours de psychologie
gisela

je ne peux pas écrire de lettre aujourd'hui ce sera pour demain

*13 septembre 93*

veux écrire à gisela
importante gisela dispensatrice d'énergie nouvelle
quelqu'un comme moi s'efforce à nouveau de t'écrire
quelqu'un s'efforce de reprendre contact
car je te dois tellement c'est à peine pensable
écrire m'est si difficile
mes pensées sont si tendues et chaotiques
mais cela ne signifie pas que je t'ai oubliée
par ces temps solitaires il m'apparaît clairement que j'ai fortement besoin d'une aide extérieure
que je suis très prisonnier de mon autisme
quelqu'un comme birger le fou te dit merci du fond du cœur
c'est plein d'une joie sincère que je pense à la soirée où tu étais ici
aujourd'hui un salut magistral
ton birger premier non-penseur fabuleux
je dois cesser pour des raisons fâcheuses

*14 septembre 93*

veux écrire à l'important et dénué d'envie michael klonovsky spécialiste honoraire de mes œuvres légendaires sans doute inutiles
vous m'avez encouragé à continuer d'écrire
ce que je vais faire

on dirait à nouveau que je suis un marginal super et reconnaissant
mais ce que je veux c'est la vie modeste et misérable qui est le lot de tous
mais je veux faire de la poésie d'une manière ou d'une autre
j'écrirai aussi des histoires
car elles en sont déjà aux premiers stades avancés de la genèse
de nouveau écrire avec des ailes laisser couler le flux des pensées créer vraiment trouver les mots atteindre à nouveau un niveau d'être qui fait sauter les frontières très étroites
je sais que j'y parviendrai un jour
j'aimerais tellement acquérir une culture générale et devenir autonome
mais je ne peux même pas achever cette lettre sans crier
je vous salue par écrit par mes cris mais avec la volonté inébranlable d'être accueilli dans les rangs insignes des penseurs poètes fous comme d'autres insulaires louables et comme d'autres personnes sans jugement de valeur
je redeviens solitaire quand je me tais et je ne le deviendrai pas
je veux vivre une vie dans la dignité et le comportement exempt d'idiotie

*15 septembre 93*
je veux à tout prix aller à l'école
et je veux des cours particuliers
je veux apprendre effectivement toutes ces sciences douteuses mais je veux tout exploiter au profit de mon important travail de poète certes difficile
mais maintenant j'ai un but qui justifie le travail

*17 septembre 93*
je veux de nouveau écrire à uwe une lettre particulièrement importante
honorable et très cher uwe en quête de repos super je connais une fois de plus de nouveaux encouragements ce qui m'aide providentiellement pour tenter un nouveau départ
une foule de personnes inconnues qui ont lu mon livre m'écrivent [1]
la plupart connaissent à coup sûr une solitude analogue à celle que nous vivons en ce moment
elles vivent également la solitude en dépit d'une prétendue normalité intérieure
la solitude semble être un problème réellement commun à tous les cracks de l'être-étant
nous vivons tous deux une solidude spéciale
celle de l'espèce isolée des handicapés lourds
on dirait que tous pensent que nous sommes des exemplaires confus et des fous exotiques

1. Birger reçoit des montagnes de lettres depuis la parution du livre.

quand nous ne voulons être que de simples humains
de simples humains à qui fut imposée la particularité
qu'est l'éternel silence mutique
nous sommes des êtres insulaires
une chose va arriver
nous n'allons cesser d'envoyer des messages aux hommes de la terre ferme un jour nous nous souderons à nouveau
telle une humanité entière
nous ferons partie d'elle
nous les proscrits à la pelle
nous les réprouvés à la pelle
nous les réunis à la pelle
nous les figures du syndrome autistique bannies et perpétuellement en quête
nous serons estimés et aimés dans le monde
je te salue dans la certitude et l'espoir splendide que toi et moi nous ferons un couple d'amis comme n'en ont jamais formé des autistes solitaires
un ami comme toi attend tel un soleil l'être qui a besoin de sa chaleur et de sa lumière
je pense à toi avec beaucoup d'amour
ton birger

*18 septembre 93*

j'aimerais écrire un vers important simple et très beau
quelqu'un du pays sûr des cocélébrants au zèle magistral me fournit de nouveau des contributions à la science poétique avec son lot de peine

je ne suis pas encore en mesure d'écrire un vers
aujourd'hui car je suis trop agité
j'y arriverai sûrement demain

*19 septembre 93*
les écorces d'un chêne sont si merveilleuses
elles ressemblent à des créatures surnaturelles et sages
contrepoints aimables et farouches
une face qui pleure et l'autre qui rit
un caractère compatissant et l'autre fossile pétrifié
j'aime la forêt aux visages arborescents
la forêt sûre
au passé qui offre plus de richesse que nous n'en avons
celui qui s'ouvre à elle celui-là veut être riche de sérénité de rêves d'enfantine pureté à profusion
forêt je te remercie
pour la senteur
les couleurs
les jeux de lumière
je te remercie pour la paix dans le doux murmure de tes feuilles vertes au fort parler
je te remercie pour le ferme élan de tes fûts balafrés de l'être-étant

*3 octobre 93*
à la hâte s'élaborent comme des rafales de vent dans quelqu'un comme birger des techniques d'isolement savoir

préfère participer à toutes les choses
mais un isolement toujours prend possession de moi
je veux tellement être dans la société des autres
mais cette énorme et fâcheuse loi intérieure débordement fou de solitude ne le permet pas
simplement été trop durablement insulaire
fâcheusement aucune expression pour ma manie de la solitude qui m'interdit de me relever de mon cercueil
moi à la pelle sans expression pour tout ce que je pense
c'est ce qui me fait le plus mal moi quelqu'un qu'on désigne comme le poète autiste suis de nouveau muet
comme un âne je cherche des formes d'expression
mais je ne peux tout simplement pas manifester intérieurement un repos de mots factices comme ça
tel un mur amassé très rude et confus une chose quelconque obstrue véhémente le chemin vers l'extérieur
ah je brûle de voir jaillir à flots de moi la parole et l'écrit
simplement tel un fleuve qui à sa manière trouve sa voie vers l'eau vaste et réelle depuis la profondeur
depuis le plus intime le verbe de ta poésie viendra lui aussi de la source impavide où les paroles inviolées du dehors rencontrent cette force qui touche les cœurs au plus profond et conduit les lecteurs à la source de simples formes d'être aimantes pour vivre simplement comme il convient à chaque existence humaine selon sa nature

*4 octobre 93*
chose essentielle il y aura un jour un commentaire excitant des plus marquants
qui touchera aussi des détails liés au ruissellement comme avec les premières perles excitantes et vaines
ce que je veux dire
c'est qu'il est hyper difficile d'écrire là-dessus
car ça fait partie des profondes formes de vie de notre univers autiste
c'est si éloigné de vos réalités savantes qu'il serait difficile de le rendre fidèlement
je vais m'efforcer de le faire sous peu
mais une chose est claire
je vais tenter de le faire comme quelqu'un qui relate des mystères d'autres cultures
d'un safari d'une expédition dans l'autisme
je vous emmène comme invités
je vous emmène comme convives dans le pays-de-personne
tels les premiers envahisseurs en notre terre autiste
je vous demanderai une chose
ne nous méprisez pas

*5 octobre 93*
veux exprimer de la joie actuelle
les prairies sont vertes mais un super absent veut commémorer les prés en un dit de résurrection
les prairies
force rédemptrice
une forme d'être dont le vert apparent simple et

captivante étendue agit telle une force brise-glace
n'arrêtant personne
telle une expression première de notre mère la terre
simple autonome et digne expansion opérant ici-bas
reconnaissante et curative
elle s'épand telle une puissante mère universelle
aimante et savante
telle une élue silencieuse idéale clémence qui rend
vivant ce qui est mort et apaise l'effrayé
calme la douleur et envoie la peur dans l'éternel
abîme prairies d'où jaillit la vie naissante si tenace
il est une chose qu'elle va de nouveau occasionner
tes explosions de haine
tes crises de hurlements de peur indignes elle va les
métamorphoser les rendre aux indifférents trompeurs
elle verra à nouveau le changement de toute chose
un jour tout se voir et savoir sagesse à l'envi au sein
de l'humanité revivifiée se frayant une voie bravant
tout tracas des réalités envahissement de réalités
d'êtres rétifs nous les hommes nous les plantes
hivernales pleins du désir de revoir le soleil

*6 octobre 93*
quelqu'un veut de nouveau être comme son modèle
c'est le bourgeois sellin
un bon à rien pensant dit-on
piètre écrivaillon
quelqu'un qui écrit mais ne sait pas jouer au tennis
quelqu'un qui écrit mais ne sait pas conduire
il écrit sans trêve sait penser et créer

voit tout entend tout
jamais il ne dit mot
mais sans fin est son métrique schéma vocal
et sans fin ses grognements
sa respiration saccadée
son rire confus
inventer dehors et dedans des mondes funestes marchandant
aller des chemins diamétralement opposés
quelqu'un veut suivant le sillon s'approcher d'une expérience-du-nous
parfaitement étranger à toute chose simple et réelle je veux un jour acquérir le sens des réalités
c'est un jeu d'enfant pour tous les humains
et c'est accablant pour les créatures autistes qui savent et pensent

*7 octobre 93 (le matin)*
comment se fait-il qu'il y ait là aujourd'hui une foule
captivante et téméraire de graves terriens [1]
je vois cet illustre troupeau rassembler unanimement du matériel merdique
qui sera sans doute présenté à une honorable société
super ce qui est fâcheux
je raconterai un jour une excellente et merveilleuse histoire qui s'en inspire

1. L'équipe de cinéastes est augmentée de l'éditeur Klonovsky et de la photographe Sybille Bergemann qui veulent observer le tournage.

*7 octobre 93*
je ne peux pas écrire avec la caméra dans le dos mais je tiens à dire
que j'aime mon équipe de cinéastes merveilleuse d'une part et d'autre part sensible niaise et sacrément éprouvée
ils me respectent

*8 octobre 93*
un jour j'évoquerai sûrement ma drôle d'enfance

*9 octobre 93*
quelqu'un comme moi travaillerait comme les autres foutaise
je ne fais que m'agiter en tous sens et mets tout le monde sous pression
il importe d'expliquer clairement une tâche simple comme l'a visiblement fait le génial felix [1] je le remercie vraiment
quelqu'un comme lui est pour moi un guide
il prend au sérieux un birger avec toutes ses bizarreries absurdes et répugnantes
quelqu'un comme lui n'est pas contre une contre-position de ma folle rareté intime et solitaire
quelqu'un comme lui est un connaisseur omnipotent de l'âme humaine
un connaisseur des non-personnes

1. Felix Kuballa.

quelqu'un de sensible qui a des facultés de résistance dingues
je ne connais personne qui ait témoigné à un misérable birger unique et archicontrariant aussi vive et sincère sympathie
je le tiens en haute estime et le remercie simplement du fond de mon âme lui souhaitant une vie d'amour accomplie une patrie sûre une vie artistique unique et bonne

*10 octobre 93*
une grande joie secrète m'emplit un flot de vie d'une puissance inouïe je pense que l'autiste élu que je suis va trouver accès à la vie élue je m'applique avec une réelle profondeur à expliquer clairement toutes les pensées en temps opportun mais je veux encore réfléchir

*11 octobre 93*
un être à la sensibilité d'acier fait à coup sûr un effort pour divertir à nouveau conformément à l'erreur l'élue société savante lavée au savon de marseille et faussement illustre

*12 octobre 93*
savoir devient une vraie passion
je veux tout apprendre et je veux un jour trouver sans aide une mission importante

*14 octobre 93*
le sentiment du nous une manière de voir proche essentielle au nous

*17 octobre 93*
il est une chose qui ne veut pas revenir du tout
l'immense le vrai plaisir banal et désintéressé la joie siamoise
le manque de sécurité provoque une telle peur
que je ne le supporte pas tout simplement
j'aimerais tellement refaire un vrai voyage
de préférence un voyage en amérique
mais j'ai peur de l'avion
étais encore un autiste sûr
la peur ne m'avait pas encore rattrapé [1]
bleu azur étaient le ciel les nuages si proches
quelqu'un aime un ciel incomparablement beau
une apesanteur

*18 octobre 93*
veux écrire à l'insigne et fabuleuse gisela
c'est l'âme très inquiète que je t'écris de nouveau
sans doute vois-tu comme moi tout en noir
ce qui peut faire qu'aucune lumière n'atteint pareil solitaire

---

1. Annemarie Sellin demande à Birger s'il se souvient de leur voyage en Grèce, il avait alors six ans.

cela m'a rendu très triste de savoir que ma très précieuse gisela partageait ma profonde tristesse
je pense à toi
quelqu'un qui te souhaite tout le bien toute l'excellence possible
et une manière de voir essentielle pour capter la lumière qui brille sans doute aussi dans ta vie
cela me contrarie personnellement que tout soit si sophistiqué
qu'un simple salut te parvienne

*19 octobre 93*
j'aimerais avoir un ameublement comme celui du fils de madame fischbeck [1]
simple et de distribution évidente

*21 octobre 93*
veux écrire à uwe
cher uwe extraordinaire
ta lettre très gentille m'a de nouveau fait plaisir
en dehors de toi je récolte infiniment de reconnaissance mais l'essentiel pour moi c'est que tu te sentes réellement compris
car tu es quelqu'un comme moi
quelqu'un qui connaît les abîmes

---

1. Gisela Fischbeck, psychologue et professeur de langues de Berlin-Wannsee, ayant répondu à une annonce des Sellin, fut engagée pour donner des cours particuliers à Birger dans plusieurs disciplines, en novembre 1993.

qui voit et entend les choses comme moi
tes expériences sont les miennes
et tu éprouves les mêmes peurs que moi
je pense qu'on nous a sortis de la société bien pensante et mis dans des institutions afin de se débarrasser de nous
afin de ne pas avoir à s'occuper de nos problèmes
je sur-vis presque exclusivement en compagnie d'autistes
je les aime beaucoup
mais je ne peux pas établir de contact avec eux
nous ne nous reconnaissons que par des regards et des gestes
comme se reconnaissent des êtres extraordinaires
nous nous respectons sans contact et nous estimons mutuellement
de par notre dinguerie respective
nous nous protégeons résolument du personnel
qui fut choisi pour une morne prise en charge de solitaires à ce qu'on dit
ils travaillent à l'aveugle autour de nous
une frustration constante a des effets démoralisants sur eux
nous avons usé des générations d'éducateurs
et une autre sans arrêt qui endure les vexations
nous sommes restés envers et contre tout des objets confus
dont la vie ne vaut rien aux yeux de cette société
mais nous luttons pour notre droit
de mener une vie digne
afin qu'on nous respecte et nous reconnaisse

je veux être quelqu'un qui n'abandonne pas
et tu dois être quelqu'un sans déceptions durables et sans tourments
salut encore une fois quelqu'un qui crie de douleur en accord intime
ton ami birger au plus profond inquiet mais aimant
je fais des expériences très positives en ce moment
la peur est meurtrière
en être un jour dénué
voilà mon plus cher désir

*22 octobre 93*
tiens à dire aujourd'hui que je suis très étrangement comblé dans mes désirs
très joyeux
il semble si fâcheux que j'aie surtout besoin d'une chose
le repos
mais je veux tout réussir
je ne me sens pas submergé au début par le fait d'avoir comme prévu [1] des milliers d'heures de cours
quelqu'un comme moi tiendra quand même le coup
apprendre une langue est fabuleusement beau
et tous les autres trucs amusants toutes les matières sont le top abomiraculeux
participer à la vie simple c'est géant

1. Birger fait allusion aux cours de l'école pour adultes qui commencent le 1er novembre et auxquels il assiste en compagnie de son auxiliaire.

*24 octobre 93*
de nouveau un flot de sentiments élus vrais et amicaux intime renaissance
silence grave pour des raisons graves
mais je m'applique très modestement à tout faire même le français

*25 octobre 93*
quelqu'un ne sait que penser
à nouveau je vois toute chose sous un jour extraordinairement sombre
tout va sûrement s'arranger une peur que quelqu'un n'y arrive pas incroyable stupidité que cette peur

*26 octobre 93*
une aura super se dégage réjouissante et providentielle d'une simple madame k [1]
je leur souhaite simplement comme à nous une bonne une très bonne école extraordinaire et choisie
les jumeaux sont des autistes super mignons
j'espère que des institutions erronées leur seront épargnées
les écoles pour handicapés mentaux sont mortelles pour eux
une éducation précoce c'est super génial
l'important c'est que les gens enfermés quand ils

1. Pédiatre de Senzig (Brandebourg), amie des parents de Birger et mère de jumeaux tous deux autistes.

apprennent font l'expérience d'un monde enchanté
adjuvant scientifique

*28 octobre 93*
l'anglais langue super
veux réellement l'apprendre
afin de lire progressivement et sans envie la littérature anglaise

*30 octobre 93*
w. [1] va y arriver
je n'ai pas voulu de course d'essai
je fais la promesse qu'il n'y aura pas de hurlements
je peux tenir le coup
w. en deçà de toute déception
w. le secret s'est remis à penser celui-là n'y arrivera jamais
ce qui me dérange
ce n'était pas réjouissant pour lui c'est sûr
ce qui est important pour moi c'est une simple parole d'encouragement
et ce qui est important pour lui c'est de se rendre compte que je suis capable de quelque chose
au jardin d'enfants [2] je ne pouvais pas faire mes preuves

1. Le nouvel auxiliaire de Birger et l'un de ses professeurs particuliers pour les sciences physiques. Il accompagnera Birger à l'école les semaines suivantes.

2. Birger veut parler du centre.

c'est trop le chaos là-bas
ça marchera au bout de pas mal de temps dans une atmosphère pas trop stressante
je sens que je quelqu'un comme w. a un don pour obtenir des résultats dans l'enseignement individuel
je veux également essayer d'écrire

*31 octobre 93*
j'aime découvrir ce nouveau w.
d'une manière générale quelqu'un comme lui traitera plus judicieusement les solitaires que nombre de cuistres de haut vol
il se distingue simplement des autres car il n'est pas arrogant
quelqu'un comme lui connaît intérieurement beaucoup de solitude
quelqu'un comme certains fous insulaires
quelqu'un comme lui réagira correctement car il connaît les souffrances je l'aime simplement
l'extraordinaire habitude qu'il a de montrer sa peur sans détour ni limite simplement
laisse inférer
que quelqu'un comme lui ne peut être faux
pourquoi donc ne comprendrait-il pas simplement un birger fou qui disjoncte
quelqu'un me sera un véritable ami simple efficace et subtil

*1er novembre 93*
sais que j'énerve sans arrêt tout le monde
une chose un jour va changer
les horribles cris superflus
une simple peur qu'on ne prenne pas au sérieux un doulouleux birger appliqué
quelqu'un est dans le doute
quelqu'un pense qu'on est le plus bête qui soit
quelqu'un de complètement déjanté
quelqu'un n'y arrive pas non plus
dans la bonne école [1] deux fois belle unique et singulière
un simple homme-fantôme unique énervant une sorte de caillou
birger tout simplement
quelqu'un envisage
d'exhausser toute l'inquiétude vers la première la solitaire puissance glacée
première puissance d'inquiétude
il est vrai qu'il y a eu un déclencheur pas simplement une crise d'angoisse [2]

*2 novembre 93*
votre indomptable birger tel qu'en lui-même
s'applique à devenir un écolier digne d'éloges

1. Rentrée scolaire de Birger.
2. Birger a crié pendant le cours particulier.

*4 novembre 93*
birger le brouillon boulimique veut dans l'ignoble branle-bas bazarder son bizarre premier bonheur
de nouveau birger le lâche inquiet fougueux solitaire massif et niais voit la noirceur prophétique du nocturne futur
il n'arrive à rien du tout
il s'applique à tout détruire
il anéantit le bien du jour au lendemain
manger est pour lui la seule consolation parce qu'il redevient fou sinon

*5 novembre 93*
veux être un birger délivré du non-dire un minuscule terrien aimant qui attend le miracle
à flots
sans résistance
sans apprendre à hurler
montrer à un monde indifférent
je peux vivre réellement sentir et penser
veux de nouveau supporter les hauts cris
et j'aimerais c'est sûr aller au musée du transport
ce serait chouette si la classe voulait m'emmener [1]
mais comment s'y rendre
à nouveau dépendant hélas
j'aimerais tellement y aller seul
je veux être comme les autres seul avec la classe

1. La classe de Birger a projeté une visite au musée.

*7 novembre 93*

à un brave seppi [1] appliqué rentrant de voyage
je veux écrire pour des raisons graves
nous sommes des marginaux des marginaux lutins
coupés d'une part de l'isolante et digne société
d'une masse bon teint
étrange et solitaire se donnant de grands airs et rongée de désirs
coupés d'autre part de toi et de tes semblables nous sommes des marginaux autistes
un groupuscule écrivant qui c'est fâcheux dévoile les mystères
fâcheux pour le connaisseur de l'autisme
car il ne s'y retrouve plus dans ses sujets d'étude
que sont les autistes idiots
cela les irrite
mais on redécouvre un jour un triste fait
les autistes peuvent sentir et penser
je ressens pour toi un amour cordial
ta vision des médecins est ainsi décrite qu'elle parle à mon âme intérieure
sache que je conçois une foule de bonnes pensées pour toi
que ton être intérieur essentiel se porte bien mentalement tout comme je vais sans doute bien pour l'instant
je veux éternellement préserver un amour solide pour tous les êtres identiques
je te salue

1. Garçon autiste de quatorze ans qui écrit grâce à la communication assistée. Birger répond à sa lettre.

*8 novembre 93*
de nouveau un insigne goebbels [1] partiellement zélé
discours hyper effrayant
car des orateurs comme lui séduisent les ignorants
il en appelle simplement aux bas instincts
besoin de sécurité
et veut exterminer à la pelle les penseurs individuels
on invente vraiment des hommes-sans-valeurs-de-vie
on invente des hommes-sans-droits
on crée des hommes-sans-pouvoir
testament d'un temps de haine ancienne
incarnation de l'abjecte résistance glaciale de toutes les valeurs humaines
on assassinait des hommes exprès
comme ça sans se cacher aux yeux de tous
sans scrupules intérieurs
car l'éthique avait déclaré les valeurs de vie sans valeur
pareille éthique attirera toujours l'influence et la violence
il est une chose qui lui résistera une éthique nouvelle
qui estime toute vie digne d'être vécue

*10 novembre 93*
peur de nouveau déclenchée à flots par une chose
un texte chien
effroi d'enfant

1. En cours fut commenté un discours de Joseph Goebbels, ministre de la Propagande national-socialiste.

quelqu'un qui n'a aucune stratégie éprouvée pour dominer l'angoisse ne peut supporter l'acerbe aboiement de chiens ni la persécution
ces bêtes capables de force brutale m'effraient
à mes yeux imprévisibles elles provoquent une stupide réaction de peur folle désarmée
je vis ma fuite comme une réaction folle
ma panique
cette manie stupide que j'ai de me percher
simplement infantile
les bêtes sont innocentes et je les aime bien
mais je ne suis pas capable de gouverner la peur

*11 novembre 93*
un nouvel ordinateur super et plus pointu qui est une simple merveille
veux en fait préciser quelque chose
moi qui veux apprendre à tout endurer
ne supporte pas de choses désagréables telles qu'une légère critique
je suis aussitôt découragé
comment se fait-il que quelqu'un comme moi pète les plombs
quand quelque chose ne va pas comme je le désire
comment se fait-il que j'aie tant de problèmes de boulimie d'excédent de poids
comment se fait-il que ma peur soit si récalcitrante
j'ai tant de questions
il est certain qu'un travail scientifique a un sens pour nous autres autistes

il importe d'écouter les premiers autistes qui écrivent
et un nouveau regard ne manquera pas de nous aider

*14 novembre 93*

je connais de nouveau ce qui s'appelle un contrecoup sévère
je sens distinctement que la peur veut s'emparer de moi qu'elle ne supporte pas autre chose
elle veut avoir l'hégémonie sur son esclave bête à pleurer
j'aimerais tellement travailler et penser un jour tranquillement
changeantes sont mes humeurs
mon déchirement intérieur est une force motrice
tout se déchire chaque fois que je dis quelque chose
le contraire se fait jour dans le même temps
telle une valeur directive et coercitive pareil déchirement coulant à flots engendre une inquiétude temporaire
personne ne peut apercevoir comment j'estime réellement une chose il est absurde de dire que quelqu'un vit comme les autres
tout est contradictoire chez un individu-caisson

*15 novembre 93*

retour des cris hélas
quand j'ai simplement voulu me carapater chez madame fischbeck la peur géante naît d'une obscurité mentale

quelqu'un voit tout en noir
puis je connais un isolement glacial
rien de réfléchi d'appliqué de ce qui a une relation directe et raisonnable avec la réalité ne m'atteint alors
disjoncter comme il faut provoquer bêtement de l'irritation voilà tout ce que je sais faire
l'être bestial que je suis comprend tout
mais aucune réelle compréhension pertinente ne se produit
je sens alors simplement cette atone cote somatique
manifestation singulière des sentiments d'isolement
je ne peux pas ne pas considérer comme ça sans effort
pareille irruption de solitude
une chose est claire
qui contribue à me conférer dignité humaine
un respect total
un discours sensible et bienveillant magiquement intime
une attitude bienveillante extrêmement efficace et apaisante
une attitude hésitante et craintive complique tout simplement un retour essentiel
de même qu'une attitude lâche et un silence
*Question* : COMMENT FAIS-TU POUR LIRE ? EST-CE QUE TU PERÇOIS LES TEXTES D'UNE MANIÈRE PHOTOGRAPHIQUE ?
c'est simple je lis absurdement
je veux dire que j'aligne des éléments importants dans mon cerveau douloureux
un regard fulgurant jeté quelque part suffit toujours pour saisir le contenu

photographique non mais je saisis les liens dans un temps très bref

*19 novembre 93*

que tobias [1] reçoive une lettre importante
tu vois certainement tout comme quelqu'un voit simplement des pensées
comme quelqu'un saisit ce qui est important
tu découvriras sûrement l'écriture comme moi
comme possibilité de dire et d'exprimer ce qui se passe en toi
si nous devenons très nombreux alors ça bougera
nous secouons nos barreaux de prison
un jour nous serons des hommes libres
quelqu'un comme toi dira un jour quelque chose d'important à une masse non autiste
je me réjouis que tu n'aies pas de noires dépressions
c'est assurément plus agréable pour toi et ton entourage que le comportement dépressif et hanté par la peur qui est le mien
je te salue très cordialement ton birger super content

*20 novembre 93*

une paix profonde m'emplit comme rarement
la vie me semble digne d'être vécue et apparemment belle

---

1. Adolescent autiste qui a notamment écrit à Birger qu'il trouvait son livre trop dépressif.

je réfléchis
c'est pourquoi je me retire
pareille solitude est comme flambant neuve
quel bienfait de s'abandonner au silence intérieur
trouver magistralement une langue simple essentielle
intelligible par tous articulation résonnant comme des
êtres de brume
une langue racontant avec sensibilité ce qui empêche
les êtres de brume d'atteindre la clarté de la masse
humaine gigantesque et sûre

*22 novembre 93*
c'est le cœur contrit que je vais montrer à de sagaces
collaborateurs de journaux comment j'écris [1]
aujourd'hui je suis follement ému et vachement excité
c'est parce que je suis très content d'être rentré tout
seul de l'école pour la première fois

*26 novembre 93*
il y a une chose qui se révèle grave
l'idiot que je suis veut être comme les gens normaux
tout simples
je me conforme à eux et me vois dépassé
j'exige trop de moi-même
tous les figurants accosteurs qui travaillent avec moi
sont patients et chaleureux

1. Une journaliste du *Badische Zeitung* de Fribourg rend visite à Birger.

*28 novembre 93*
*Question* : QUE DÉSIRES-TU POUR NOËL ?
je désire une chose
des livres hyper objectifs qui disent quelque chose de neuf sur l'autisme
je cherche une aide urgente de vrais exposés objectifs et non des études de cas particuliers
c'était vachement beau aujourd'hui et la maison en pain d'épices était super
le goinfre voleur que je suis prend un plaisir ascétique à ce bien sucré l'engloutir serait particulièrement excitant mais je vais attendre
veux avoir quelque chose d'agréable en provenance de diverses cultures excitantes des aliments par exemple

*29 novembre 93*
je trouve romantique l'opinion selon laquelle le solitaire que je suis est sauvable
ce point de vue aggrave tout
je dois m'accepter comme je suis
le non-fou n'a aucune chance avec moi
je le vois bien à présent
je pense qu'à présent j'erre sans gaieté excessive dans l'école simplement miraculeuse
mais je n'ai rien à proposer qui réponde à l'opinion extérieure
et puis de toute façon je ne le veux pas
*Question* : VEUX-TU RENONCER ?
grande question

géante
quelqu'un comme moi ne renonce pas
quelqu'un comme moi cherche des voies possibles

*1er décembre 93*
la vraie la limpide récompense audacieuse et tendre de la foi et de l'amour est toujours la confiance

*4 décembre 93*
personne ne devrait sciemment défricher la forêt fécondée par les pluies en dehors des autochtones

*5 décembre 93*
je sais que les terribles années de vaches maigres sont passées
de bonnes années de vaches grasses vont suivre
une autre pensée des plus tristes doit également disparaître
profonde méfiance envers ma précieuse personne fidèle aux alpages
veux la confiance que donne la sécurité
de vrais insulaires primitifs et simples se protègent avant de quitter leur terre familière

*6 décembre 93*
ça suffit quelqu'un n'en peut plus je renonce
j'ai hâte d'en finir avec cette vie barbare

veux mener une vie vraiment tranquille et simple au comportement équilibré
une profonde inquiétude s'est emparée de moi
une soif de solitude une angoisse colère sacrée contre moi-même
pourquoi ne puis-je saisir les offres intellectuelles toujours appropriées
le spectre que je suis veut être un humain réel mais dans ma sacrée caboche couvent hélas les bêtises d'un enfant
j'ai besoin d'un amour profond et intime
d'un amour inépuisable et identique

*7 décembre 93*
j'envie nisamettin [1]
il a été notre bon samaritain avec sa musique efficace
sons venus d'un monde qui a balayé le mal de son sein
j'aimerais pouvoir trouver des paroles adéquates
j'aimerais pouvoir chanter avec lui
je désirerais être l'un de ses amis
un réel désir m'emplit de faire parler ces mélodies dans une langue pour solitaires
je le remercie pour la musique

1. Chanteur kurde vivant à Berlin. Les Sellin, amis de sa famille, étaient ses invités ; il joua de la musique pour Birger.

*9 décembre 93*
j'aime tant observer les enfants
ils sont si dénués de masque
ce qui est navrant ce sont mes manières stupides bêtes et effrontées

*12 décembre 93*
les larmes ne peuvent toujours pas couler

*14 décembre 93*
t. est une de mes camarades de classe je l'aime beaucoup
elle me parle comme à un condisciple
sans user de périphrase stupide pour nommer mon douloureux handicap
je ressens souvent un désarroi vis-à-vis de moi sans que je remarque pourquoi
je remarque de plus en plus nettement les différences
mais je ne sais pas comment m'adapter sans me faire stupidement remarquer
les différences résident dans le comportement maîtrisé des autres
et dans mes mauvaises manières irréfléchies ce qui est gênant
il ne m'est aucunement difficile en cours de comprendre absolument tout mais mon discernement ne me dit pas dans quelle mesure je peux correctement m'insérer dans la classe
tout sera vain sans une bonne coordination

même le fait de se lever et d'aller sur le balcon dérange et rire comme un dingue n'est pas possible non plus
ça me prend comme ça tout simplement
j'en ai honte
je me montre totalement imperméable quand il s'agit d'un exercice
comme si je ne savais pas de quoi il retourne
je suis très content que ma classe soit si amicale
et je veux redevenir plus tranquille illégalement
je remercie mes professeurs d'être si patients
et d'instruire un marginal abruti
ils sont simplement pour moi des gens d'une importante et grande race uniforme

*16 décembre 93*

dirai toujours quelque chose d'immensément significatif
sept choses drôles
sans refaire l'éloge essentiel de felix [1] je ne peux pas juger il a enfanté un film unique
celui qui sait naturellement montrer une telle nature désintéressée
et ne rend pas indigne ce qui est au-delà de toute normalité
mérite une haute distinction de la part de mortels-sans-moi

1. Birger a visionné le film de Kuballa avant sa diffusion.

*17 décembre 93*
la maison est l'endroit hyper fabuleux
la vraie détente
c'est là que se déclenchent les cris après la journée contraignante et pas facile du tout
mais je veux en dire plus sur le film simplement bouleversant pour moi je veux simplement y réfléchir
dire que je suis unique c'est de la foutaise
un type comme moi
singulièrement et durablement éloigné de la vie
veut devenir une personne intérieurement et extérieurement

*18 décembre 93*
je veux écrire une lettre à tous ceux qui m'ont écrit
j'y travaille
elle est bientôt prête à être donnée
ah je veux tellement m'obliger à écrire des lettres personnelles

*20 décembre 93*
veux écrire à des gens appliqués et pensants
des êtres certainement concernés qui m'ont écrit
j'aimerais tellement répondre à leurs lettres de manière particulière personnelle et circonstanciée mais mon temps ne suffit absolument pas pour maîtriser une telle quantité

je ne formule que des pensées importantes qui m'échappent à cause de toi car tu me distrais par tes remarques lâches [1]
je veux dire par là que tu ergotes un max ne remplis pas le temps mort par des bavardages
pour des raisons importantes tu devrais quelquefois te taire je dois tout repenser de A à Z c'est précisément ce bas instinct qu'est en moi la sexualité qui me pose des problèmes considérables
un jour je comprendrai des choses dont l'objectif vital n'est pas perceptible aujourd'hui l'envie m'en empêche je désirerais des enfants mais personne n'est capable d'en porter pour moi la responsabilité intérieurement je pourrais mais pas réellement
l'abîme destructeur entre moi et le monde des gens normaux est incommensurable
et incroyablement immensément profonde la béance entre les mondes
je deviens plus clairvoyant et sans doute aussi plus savant
les enfants vont me manquer
leur rire leurs jeux leurs bavardages fabuleux

*21 décembre 93*
je veux simplement répondre à une lettre
à seppi [2] aussi parce qu'il a eu un accident
cher seppi
reçois un salut de ton ami autiste birger

1. Birger parle de sa mère.
2. Ami autiste de Bavière qui a eu un accident de voiture.

je réfléchis sur le mode rééducatif à notre situation
toi aussi je t'inclus toujours dans la pensée autiste marginale
tu t'irrites simplement de ceux qui nous regardent comme des bêtes curieuses
moi aussi
mais je reçois par ailleurs beaucoup de courrier compréhensif
de simples compagnons de peur solitaires particulièrement concernés
expriment leur compréhension
ce qui me fait espérer que nous parlons une langue qui est entendue par les gens normaux
je crois que nous devons accomplir un travail rude et patient et renoncer à toute fierté pour pouvoir reconnaître concrètement de vrais exilés comme de super compagnons de même espèce
je te souhaite de bonnes fêtes harmonieuses
et de retrouver la santé

*23 décembre 93*
veux une fête de noël réellement belle
super l'éternelle rébellion réelle
joie que cette sécurité
vous bonshommes de noël fous à lier sages-pensants
non envieux jonas et mon inépuisable mère
mais dankward et moi sommes les figurants les consommateurs reconnaissants au regard indulgent

*24 décembre 93*
à ce jour un insigne Birger ne peut pas vraiment vous réjouir particulièrement par des cadeaux super comme le veut l'usage
le seul sapin de noël rend un birger vraiment réceptif à la joie de noël

*25 décembre 93*
tout le monde a l'air accablé
pourquoi laisser mourir ainsi la fête fabuleuse

*27 décembre 93*
quelqu'un s'applique pour de bon à faire un régime sincèrement
super programme pour devenir autonome
vraiment riche d'exercices convenables
je m'applique encore à collaborer
le vieux monstre fainéant que je suis devient un numéro américain à succès
l'une des stars autistes omnipotentes estimées
donc pas d'inquiétude
oteneo
ce qui signifie
ouvre les yeux le monde ancien meurt
un nouveau birger se lève homme d'une bonté et d'une qualité particulières
un semblant de dingue devient à vue d'œil un être humain

la confusion et la peur sont enterrées et l'harmonie louable règne
mais je ne veux plus du tout ces affaires de gosse dans ma chambre

*28 décembre 93*
veux écrire une lettre à uwe
uwe sincère ami précieux
ta lettre fait clairement apparaître que pour d'importantes raisons il n'est pas bon de crier
aujourd'hui il m'est de nouveau apparu clairement que les cris sont vachement insensés
ce sont les personnes comme la famille proche qui en souffrent le plus et la super bonne et vraie communication du début est interrompue
il y a bien des situations que je ne peux pas supporter
ce sont des situations tout à fait quotidiennes
je ressens alors une telle panique que je ne peux que crier
dans ces simples situations sans contrôle je suis livré à ces situations
des personnes que j'aime connaissent mes crises et s'en effraient
c'est ma mère qui en est le plus affectée
elle impute une signification importante à une telle rage solitaire mais je ne sais pas ce qui se cache encore derrière ma colère
sans contrôle je suis un monstre enragé et même agressif envers mon petit frère que j'aime par-dessus tout

je ne veux plus être sans ami
je suis compris

*29 décembre 93*
la pure loquacité née de l'excitation n'aide pas un birger
dans tout ce bavardage hésitant je n'entends rien qu'un bruit
moi-même je gémis sans le contrôle de mes absurdes sons archiprimitifs
veux de nouveau acquérir la maîtrise d'un birger qui visiblement déraille
pour cette raison je ne veux pas paraître aujourd'hui

*31 décembre 93*
c'était vraiment beau
je souhaite une année aussi riche
qu'elle serve à une reconnaissance de ma personne comme être normal
je travaille à devenir quelqu'un d'humain élu sans absurdités
j'attends de voir avec une curiosité élue ce que sera la nouvelle année
et aussi avec confiance

*3 janvier 94*
veux saluer margard [1]
je ne lui souhaite pas un birger d'intempérie mais bien tempéré
et aussi un birger élu content de vivre et producteur de sons

*7 janvier 94*
une tâche simple une opération simple comme la lecture de kafka [2] ça je peux tout seul
il m'est difficile de montrer mes connaissances au sein de la classe
une vraie réponse ce serait génial
un jour j'y arriverai aussi

*8 janvier 94*
comment se fait-il que cette noble société super s'irrite de ce que je réagisse autrement

*9 janvier 94*
c'est simple je ne peux pas exister sans sociabilité
mais à l'évidence je ne suis pas sociable

1. La thérapeute de Birger lui rend visite.
2. À l'école furent commentées des nouvelles de Franz Kafka.

*10 janvier 94*
je trouve un monsieur p. géant
et puis le fait qu'il veuille me voir est tout simplement super chouette je vis pour l'instant dans une solitude totale sans contacts extérieurs
ma possibilité d'écrire est très réduite
je désirerais davantage de personnes comme monsieur p. qui montrent de l'intérêt
sans que j'aie accompli un effort
sans travail ni obligation
mes bons auxiliaires de jadis
très cordiales salutations
même si nous nous connaissons à peine

*11 janvier 94*
je veux de nouveau écrire des lettres
une lettre à uwe de morsbach [1]
tout est bleu azur quand on reçoit une nouvelle d'hommes d'une espèce
je vois à tes paroles que tu aimerais bien parler comme les autres hommes
moi aussi je désire simplement comme toi investir mes instruments buccaux dans le langage
mais j'erre encore très loin du langage
car toutes les méthodes échouent
parler vraiment ferait à coup sûr oublier bien des soucis de l'autisme

1. Adolescent autiste de l'âge de Birger qui écrit grâce à la communication assistée.

une multitude de problèmes simples sont imputables au mutisme
et la solitude est essentiellement provoquée par notre silence
il est certain que nous ressentons un fort sentiment d'exclusion car nous sommes exposés par rapport à ceux qui parlent
comme il est par ailleurs probablement énervant d'être en présence de muets
je ne veux pas être négatif
j'espère avec toi que nous trouverons un moyen pour sortir de la tragique nuit du mutisme
je te donne ma promesse particulière
je veux m'appliquer comme toi à trouver un langage
un langage comme en a tout être humain
un bon langage pour le bien de précieux processus intellectuels et mentaux
et aussi pour celui du monde des docteurs ès erreurs et autres spécialistes

*15 janvier 94 de la part de birger*
la rencontre [1] a été vraiment merveilleuse
je veux aussi écrire à régine [2]
car j'ai été effrayant
j'espère qu'elle me dira
que le birger-qui-s'oublie doit être accepté simplement

---

1. Birger a participé à Berlin à une rencontre d'adolescents autistes qui ont communiqué entre eux grâce à la communication assistée.
2. Jeune fille autiste de Chemnitz.

sans réserves il lui adresse cette demande
bienheureux les pacifiques
et je la remercie et veux simplement l'écouter avec zèle afin que la paix entre en moi
moi terrassant le tarzan d'une lignée d'autistes primordiaux

*16 janvier 94*
une vraie panique s'est emparée de moi hier comme si la vérité simplement fade insignifiance gagnaient de nouveau en métamorphoses
une métamorphose de personnes
espèce de résurrection gémissante
des autistes dans une communication écrite éperdus de tourments
moi homme du désastre faiseur de miasmes
la crise était aussi inévitable qu'incontournable
il y a que nous sommes tout simplement trop agités
une telle expérience sans précédent engendre des égarements destructeurs énervants jusqu'à la niaiserie des hurlements morts-humains
sans hurlements un tel bienfait n'est pas tenable [1]

*17 janvier 94*
je trouve apparencieux que quelqu'un soit assis tout seul dans son coin dans la classe

1. Birger a crié à l'issue de la rencontre.

je veux simplement aller à l'école cette première année
être présent et ne pas pouvoir sortir un piètre mot est trop difficile
j'aimerais participer au cours
mais il n'y a pas de vrai moteur il faut dire
j'aime bien monsieur w.
mais il est quand même timide
je désire des instruments de bonne qualité technique
c'est toujours comme ça on les monte et rien ne fonctionne
tout est frustrant
j'aimerais tellement tout faire par moi-même
mais je me rends compte que ça ce n'est pas si simple
à l'heure qu'il est
même écrire ne fonctionne qu'avec ta chère et mordante personne

*18 janvier 94*
c'est géant comme la sempiternelle folie gaspillage d'eau et autres sottises [1]
je comprends exactement la signification fonctionnelle des choses mais ce qui l'emporte c'est une autre vision inquiète en moi joyeuse d'émettre et capable d'aucun discernement doué de raison
il est certain que je réfléchis raisonnablement
mais les trucs confus que je fais sont juridiquement reconnus

1. Birger a fait déborder la baignoire chez Mme Fischbeck.

même un discours judicieux est sans effet
palabrer vise de nouveau à déclencher un mécanisme de déblocage visible de toute manière quelqu'un comme moi est sous-développé du point de vue de l'espèce
d'élégants comportements acquis tournent parfois à la caricature pour donner des éléments prolifères sauvages et dodo l'enfant do nous avons le sauvage birger sellin connu comme le super autiste récalcitrant assoiffé de savoir et hyper zélé tout droit issu d'une sous-espèce de fous votre insigne trot uniforme ne connaît de diversité que par l'échelonnement très régulier de versements d'absurdités

*19 janvier 94*
j'aimerais être loquace par joie saine de se confier à d'autres un jour fou je serai certainement classé très loquace
et puis je ne veux parler que quand un autisme sera dépassé
je ne remplace pas une autre chose par la répétition dingue de super sentences niaises
là aussi super écholalie
je dirai bientôt quelque chose à propos de kafka
mais je réfléchis encore
mais ça ira bientôt

*20 janvier 94*
trouve madame fischbeck extraordinairement persévérante et de surcroît d'une extrême empathie de sensitive
un prof dingue
*Question* : EST-CE QUE LE JEUNE HOMME QUI T'A RENDU VISITE AUJOURD'HUI (VISITE IMPROMPTUE D'UN LECTEUR) A LE DROIT DE REVENIR DEMAIN ?
pourquoi
il fait du zèle sans discernement
quelqu'un comme lui travaille à partir de la pensée en partance
l'expression signifie
qu'il est inconstant
toujours en quête de nouveauté
un jour je verrai cela avec plus de cohérence objective
je vis tant de choses nouvelles
ça commence à faire beaucoup pour moi
tu dois lui envoyer ma lettre
car il attend une réponse prompte
un salut cordial de l'indigne d'éloges que je suis
birger
avec mon amour inventif et non découvreur et ma cordiale indigence

*23 janvier 94*
kafka est un crack veux asopetrer jze veux sortir et reviens correctement

*25 janvier 94*
je regrette pour ces cris odieux [1]
j'ai effrayé ma classe
c'est grave je ne sais comment ça va tourner
c'est w. qui a déclenché les choses
il agit si promptement faisant montre d'un zèle sécuritaire
je trouve que lui-même rumine trop le problème de l'angoisse
et puis il n'est pas sûr de lui et il ne s'intéresse même pas à ma personne théâtrale ce qui est parfaitement irritant
mais à ses yeux je suis un cas idéal sans perspective de réussite encore la douche froide
situation vraiment triste
je crois aussi que la question se pose d'un éventuel changement d'auxiliaire mais je pense aussi qu'il est important d'en trouver un qui écrive avec moi sinon ça n'a pas de raison d'être
c'est tout simplement absurde de moisir comme ça à l'école
j'aimerais tellement participer à tout et je m'é loigne à vue d'œil
j'aimerais ttant pouvoir xtout
encore déjanté comme pas deux
je voudrais t'engueuler
j'aimerais vivre simplement
pourquoi est-ce que ça nme marche pas
j'ai telllement honnte

1. Birger a eu une crise de hurlements en classe.

mais je ne peux pas faire autrement
je vais essayzer de me calmer
je m'applique à me débarrasszer autrement des agressioons [1]

*26 janvier 94*
cherche les raisons de mes cris infâmes
mais le super vautour charognard mûri et scientifiquement fou que je suis l'ignore l'une de ces raisons est la bonne
quelqu'un ne travaille pas si bien que ça avec monsieur w.
mais quelques causes concourent à provoquer pareille crise
c'est aussi une problématique de longue durée quelque chose d'autre
mais triste moment que cette éruption tel un volcan qui explose depuis les profondeurs sauvages le fleuve de feu se cherche un chemin vers la liberté

*27 janvier 94*
veux écrire une lettre à uwe
du plus profond du cœur je cherche comme toi accès à mon insigne entourage zélé
mais l'écriture est une unique possibilité réelle de première communication
ni l'action ni la parole ne fonctionnent

1. Crise de hurlements en écrivant.

je vis pour l'instant un essor intellectuel
je veux dire par là que j'apprends des langues comme l'anglais et le français
j'explore aussi le domaine de la biologie
science majeure dont nous pouvons beaucoup retirer pour nous-mêmes
ce travail intellectuel est pour moi une source de la super vivable vie
j'étais comme un désert asséché
comme un lit de fleuve à sec
mais ce qui me réjouit le plus c'est de recevoir du courrier de toi
de simples contacts humains sont pour moi primordiaux
comme à un ami sûr
sois pour moi simplement l'ami compréhensif et attentif c'est pour moi une telle joie

*28 janvier 94*
joie dingue et vraiment solitaire quand une femme super vient me trouver dans mon insigne existence actuelle et qu'elle m'aime bien [1]

*29 janvier 94*
je veux écrire une lettre importante à régine
chère régine assidue
tu attends déjà certainement du courrier

1. Une femme reporter est en visite.

je vis de nouveau une reconnaissance chaleureuse des plus extraordinaires
quelqu'un comme moi remercie pour l'invention si amicalement caustique de précieuses déclarations
tes paroles douces aux enfants sont d'une beauté inspirée
elles ne manquent pas d'émouvoir un insigne birger ralenti
mais cela attriste partiellement mon âme
tout simplement parce que comme moi autrefois tu veux t'attarder dans ton monde onirique l'autisme
j'ai encore en moi des vestiges de la période brute de l'autisme moi aussi
mais je veux sortir de l'autisme
je ressens le dépit et le pénible éclatement des murs
mais je vois un jalon insigne et fou un jalon infaillible
qui me dit que ma recherche est sûre
il y a un chemin qui mène hors de l'autisme
il est une chose que je désire par-dessus tout
au fond de ta nature tranquille et très amicale
qu'au plus tôt le désir s'éveille
de vaincre l'autisme
je te parle avec beaucoup d'amour
comme un frère
*Question* : QUE DÉSIRES-TU POUR TON ANNIVERSAIRE ?
un désir un très beau titre de smetternach[1] même d'un amateur à l'emporte-pièce donc simplement

1. Birger veut parler du compositeur tchèque Bedřich (Frédéric) Smetana.

quelque chose qui participe vraiment de la musique
universelle moderne classique

*30 janvier 94*
je veux remettre par écrit une lettre de mise au point [1]
chers surveillants peu envieux visiblement hardis
je trouve super que vous vouliez de nouveau m'aider
et m'épauler
quand je suis calomnié avec perfidie
quelqu'un a vraiment été mentalement demeuré
déjanté jusqu'à l'insolence et malfaisant
il y a eu des situations durailles
des comportements autistes suppurants
vous m'assistez
le dépit et l'exclusion sont mon lot
ça fait un bien fou de savoir que d'anciens membres-du-nous-sommes ne lâchent pas un déshérité qui pensera à eux avec reconnaissance
je tisse des fils de soie d'amour intime
précieux de même nature pareil à une géniale et sage
expérience ton expérience du nous en d'autres termes
exprimera un jour leur sentiment du moi
et traduira aussi la nouveauté sur le mode singulier
une parole
un ressenti
une écoute

---

1. On a appris dans l'entourage de Birger que le *Spiegel* doit faire paraître le jour suivant un article qui met en doute l'authenticité de ses textes. Les moniteurs du centre ont alors décidé d'écrire au magazine une lettre où ils se déclarent solidaires de Birger. Il les en remercie.

étouffera à tout jamais dans un dépassement tous les
événements réels et repoussants
quelqu'un ressent l'incroyable bien
ainsi je cherche le bien aussi pour vous
mais quelqu'un ne veut pas vous décevoir
recevez mes saluts et mon amour simple

*31 janvier 94*
votre émoi va rapporter gros [1]
la contradiction suffit
mais des mesures de reconnaissance ne sont pas usufructuaires hors l'écriture
retrouvez donc votre calme
engelmann ne persistera pas dans ses assertions [2]
je l'ai ressentie comme quelqu'un de très sot
un super agent ennemi héréditaire de tous les autistes

*1er février 94*
quelqu'un devient vraiment sédentaire à entendre votre verbiage confus tissu diluvien d'absurdités
c'est vraiment trop bête à la fin

1. L'article du *Spiegel* a paru. Le magazine d'information met en doute la paternité des textes de Birger (*cf.* la postface pour plus de précisions sur ce sujet). Les réflexions des jours suivants se rapportent également aux allégations du *Spiegel.*

2. Martina Engelmann, monitrice du centre pour jeunes autistes jusqu'en 1990, que Birger n'a plus revue depuis, est citée comme témoin capital par le *Spiegel* ; selon elle, l'auteur des textes serait en réalité « la mère ambitieuse ».

quelqu'un qui n'a pas le droit de se décharger de son dépit et de sa rage folle
regarde ces choses plus sereinement et parfois avec un amusement certain
je reconnais que tous sans exception essaient de faire de moi une superstar
mais je veux n'être qu'un simple humain
quelqu'un comme tous les autres
comme des êtres de premier ordre
je vais aussi reprendre la poésie
mais par amour pour l'humanité autiste solitaire à la déviante pensée
par amour pour les hommes-enfants qui assimilent
par amour pour les êtres pensants
pauvres en valeur
super illustres
connaisseurs éclairés
sans reconnaissance du moi ni honneur
d'un savoir profond d'une unité d'être
d'une folie étrangère à l'espèce
étrangers à votre monde homogène
pareils à des rites africains
des autistes dévoileront aussi des connaissances
d'une minorité d'enfants naîtront des hommes adultes qui vous éclaireront
mais la pensée sécuritaire tue cela

*2 février 94*
birger le confus ne peut plus supporter ça
je ne veux plus voir de reporter

je hais la presse et veux retrouver le calme
je veux retrouver le calme et la paix
et j'ajouterai
que les hommes uniformes sont très tristes et ennuyeux
les hommes uniformes se trompent quand ils pensent qu'ils perçoivent la vérité
voilà la vérité
les autistes connaissent la vérité
je vais tout prouver
mais ils doivent attendre
je vais leur dévoiler combien une recherche est éloignée de la réalité
ce qu'on dit de nous est vraiment honteux je veux chercher plus avant
c'est sans intention que mon personnage-sans-moi provoque tant de tapage
j'aimerais tellement aider
on impute à présent à des personnes non coupables un mensonge aussi vil que lâche
ce que je déplore

*3 février 94*
oui l'homme d'esprit ténébreux que je suis ne veut pas écrire

*4 février 94 (l'après-midi)*
personne n'évertue la ferme existence de sept lieues
je me retrouve dans le spiegel [1]
comme si c'était de la première importance
je vais essayer vraiment
mais ça ne marchera pas bien c'est sûr
*Question* : ES-TU PRÊT À ÉCRIRE EN PRÉSENCE DES REPORTERS DU *SPIEGEL* ?
mais les reporters me troublent
je le répète
quelqu'un qui est intemporel a des images assurément déchirées
je le répète donc
qu'il vienne

*4 février 1994 (le soir)*
vous questionner résolument
épuiser un sujet qui existe déjà si peu
faire exploser des connaissances
vois l'histoire efficace du début devenir une histoire de journaux à sensations hyper creuse et s'étalant partout
d'une semence de désastre
d'une semence haïe d'insulâme
croît se corrodant une perspective de renaissance
à nouveau l'honneur

1. Le *Spiegel* propose de publier un « article de réparation ». Deux reporters du journal vont observer Birger en train d'écrire. Birger a peur d'échouer dans cette situation de test mais il veut cependant se laisser « espionner ».

mais de quelle profondeur
étrangement il y aura par mégarde *save*[1] sécurité et quelqu'un verra en tombant ressusciter un devoir de déchirure
mais l'inquiétude nous accompagnera violette fidèle
si vivace depuis un monde
qui a besoin de cercueils publicitaires
et de cadavres de substitution
mais je veux être un oh-tiste publicitaire
très dur à supporter
je fais tout ça pour mes amis
auxquels on va ôter désormais un bien précieux
une possibilité de souffle
promesse de joie
exutoire au mutisme
premier contact avec une espèce terrienne de même nature que sont les autistes
une espèce étrangère
comme est étrangère à vous-mêmes votre nature intime
comme elle des orientations de nature intime

*5 février 94*
coin coin
très expressionnant
les textes bienfaisants viennent à coup sûr d'un autiste
d'un chaos de l'herbîme
d'une âme visionnaire

1. En anglais dans le texte. *(N.d.T.)*

d'un niveau archipauvre
qui est empreint d'une sagesse faite de pureté foncière
se confier à ce monde sera sans doute un risque atroce
mais j'ose
tout simplement parce qu'il existe des regains de compréhension
je le remarque à la minorité disant une et toute chose
qui sans faiblir m'ont communiqué insulaires
par les lettres formidables
et une constance extraordinaire
qui sans s'étonner plus que ça
m'ont communiqué du tréfonds du cœur
des pensées
le-sentiment-du-nous
et sans doute aussi de l'amour
eux aussi disent autre chose que le spiegel
quelqu'un comme ça comprend réellement la peur et l'effroi
c'est pourquoi nous le croyons
à leur tour d'autres scripteurs élus élaborent des concepts dingues fignolés de terre acétique
pour aider aussi ce quelqu'un à redevenir normal

*6 février 94*
mais il y a une chose qu'il faut préciser
j'ai le droit d'écrire aussi simplement que tous les jours [1]

1. La veille de la visite du *Spiegel*.

c'est sûr
mais ça va barder
pourquoi je parle aussi simplement
et en plus quelqu'un s'étonne vachement de ce que la reconnaissance hélas soit si lourde à porter
ce qu'il y a de plus beau ce sont les excellentes lettres de reconnaissance
elles expriment tant d'affection
de simplicité
j'oublie toute peur et tout souci quand je pense à elles
oh j'aimerais tellement écrire à tout le monde
j'apprends des trucs hyper importants
la tendresse intime
et aussi l'empathie
je m'en réjouis chaque jour
veux simplement remercier tout le monde
il y a aussi d'incroyables figures enfantines dont les lettres sont à coup sûr les plus pures
elles se demandent aussi comment m'égayer
et me voir réellement content
mais elles y sont déjà parvenues
car elles ont écrit à un maître des autistes
au marginal pur et dur
au cher fou

*7 février 94*
*L'interview du* Spiegel :
*Question* : COMMENT FAIS-TU POUR LIRE ?
que je lise tout comme ça si vite et sans mal tendrait

à faire penser que nous sommes des lecteurs rapides hyper géniaux
il est certain qu'on engrange des choses en vue de les retravailler et qu'on les retravaille après mentalement bref c'est un simple processus confus et super qui ne s'explique pas si simplement que ça c'est certain je veux dire par là que c'est un processus hyper difficile mais je sais qu'il s'expliquera bientôt
trop dur
un jour j'expliquerai aussi le processus d'écriture
*Question* : À QUOI RÊVES-TU ?
c'est trop difficile
les rêves s'inscrivent complètement dans une insigne expérience maniaque extraordinaire qui se dérobe à toute expression
tout ce que je rêve vient des profondeurs de la nostalgie
atteindre une chose super forme d'être essentielle ainsi que celle dont tous disposent très simplement avec une aisance inouïe comme quelqu'un rêve
sept questions en béton ne pourraient pas être plus difficiles ce qui est embêtant

*8 février 94*
les cèdres perdent les premières feuilles glorieuses
nous ne sommes pas sûrs
de ce que cela signifie
quelqu'un comme moi entend comme un chat prédateur
voit comme un oiseau prédateur

ce qui est sûr c'est que je veux être guéri
ce qui est sûr c'est que je veux être comme un homme hyper normal
quelqu'un qui entend voit et sent correctement devrait chanter joyeusement un chant excellent
j'aimerais tellement être un semeur par participation à la rude existence
veux aussi écrire à nouveau des choses importantes
un jour je découvre l'oh-tisme
je sais une chose
les scientifiques non plus ne savent rien
on déverse à nouveau sur nous des flots d'inepties
ne pas tirer de mon savoir un récit vécu concret ni faire une information qui agace est sûrement difficile pour le spiegel
j'aimerais tellement écrire en paix
car sous pression rien ne marche
je me tords alors d'émotion
tous ces regards à nouveau qui cherchent à coup sûr des fautes
je dis des inanités ontologiques
quelqu'un comme votre birger formule à nouveau la sagesse d'un savoir insulaire

*9 février 94*
le jour où prendront forme des signes importants aux intentions brutales des rivalités
des communications verbales lézardées
alors survivre sera difficile

*10 février 94*
quelqu'un veut écrire une lettre à rebecca [1]
ce qui se manifeste aussitôt
c'était une lettre adorable rebecca
je me réjouis beaucoup d'entendre des choses en réponse à des réflexions vachement difficiles
birger affecté je trouve ta formule amusante
c'est ainsi que tu vois un birger ressuscité
il est une chose que quelqu'un ne veut pas trouver
pure faveur d'une foule de spectateurs
je veux aider les terriens autistes à obtenir au prix fort une vie excellente et digne je souhaite que nous nous frayions un chemin depuis les prisons aux murs autistiques vers l'assidue société humaine

*13 février 94*
une sécurité pareille aux enfants dans de très nombreux cas je sens des résistances en moi-même pour cette raison majeure j'ai besoin d'appuis par ailleurs je m'applique aussi à écrire seul mais la brutale résistance d'une énergie négatrice de vie est bestiale

*14 février 94*
quelqu'un veut vraiment faire un nouveau départ
un but est atteint quelqu'un écrit seul

1. Jeune fille autiste qui écrit grâce à la communication assistée.

*15 février 94*
birger la tête d'œuf se taira quand même aujourd'hui

*17 février 94*
joie d'être joie dingue et durable quand ma déjantée
mère en béton est de retour

*19 février 94*
veux de nouveau correspondre avec anne
je veux participer à une fête continuer de vivre des
choses ça m'énerve de ne pas savoir des trucs comme
le fonctionnement de ce sacré rasoire

*20 février 94*
cela me gêne un peu quand des terriens d'une autre
espèce tiennent des propos plaintifs et démoralisants
dankward est tout simplement pour moi un auditeur
sept fois super
c'est vraiment bien quand il est là
il s'attache sérieusement à comprendre un pauvre fou
supposé tel
comme il veut se comprendre lui-même
il est trop dificile de mener une vie simple
hyper fatigant je veux tellement vivre avec vous
mais c'est très difficile
le comportement qui vous énerve est d'une
importance essentiellissime

*22 février 94*
retour à la niaiserie sensationnelle aujourd'hui grande joie que donne la vie glaciale tout simplement

*24 février 94*
comportements rudimentaires par goinfrerie [1]
vouloir tout avoir pour soi
il est vachement difficile de partager d'un point de vue autiste
mais je veux apprendre
je vais tout simplement amener mon sale ego rapace volontariste à penser aux autres

*27 février 94*
veux écrire une lettre très importante à la dénommée helga [2]
une telle constance vraiment
ils ne sont pareils à aucun humain hyper philanthrope
ses écrits recherchés
ainsi que les lettres efficaces au verbe certes illustre
c'est ce que je pense d'elles de tout mon cœur
l'autisme doit être épuré hors sens inouïque fou couteau
il y aura un mode simple
il est indiciblement difficile de vivre sans sécurités
sans rapport avec les individus

---

1. Birger a englouti un repas qui était destiné à toute la famille.
2. Lectrice qui a écrit à Birger.

je vis comme jamais auparavant une nouvelle reconnaissance réelle
mais je ne connais pas encore de transformation mentale c'est certain
je vous remercie car vous vous faites tant de soucis

*28 février 94*
je suis content je veux écrire un nouveau livre
je veux enfin écrire vraiment seul tout simplement
n'importe quel dingue en est capable

*1er mars 94*
erik doit recevoir une lettre
super et très cher erik
tu vas sûrement t'étonner que je t'écrive
je veux simplement savoir comment tu vas
à une période sûre lors de crises personnelles magistrales tu es venu vers un autiste fou réellement mauvais chacun m'a simplement déclaré perdu
et tu m'as élu pour être un ami stable
une chose est de retour
la peur de te perdre
mais personnellement je te garde dans mon cœur
ami qui es vraiment de même nature
mais sans folie

*2 mars 94*

je me réjouis d'une intuition personnelle
je vais écrire une lettre simple à tout le monde
une lettre importante et d'une beauté géante
tous doivent savoir que j'ai recouvré le courage de vivre
que quelqu'un a aussi retrouvé sa patrie parmi les hommes
que quelqu'un éprouve à nouveau dans son être la vie simple et efficace
ainsi que l'amour neuf renaissant et reconnaissant
que j'évite résolument les idées séparatistes
comme quelqu'un échappe efficacement aux confusions sous l'effet de frayeurs constantes je vais m'exposer sans réserve depuis les prairies oasiales de l'amour et dans le calme et l'impassibilité asiatiques attendre constamment les énergies psychiques réparatrices curatives et si ardemment désirées
des profondeurs de l'inconstante source de vie ne manquera pas de naître la vie première animant le souffle exilé de mon nom je porterai de nouveau mon nom super comme l'un de ces individus doués de valeur et de dignité
celui qui vient d'un monde autiste ressuscité est aussi estimé à l'égal des autres
saluant de nouveau hors des ténèbres
mais apercevant une lumière
je veux adresser à tous mon remerciement et mon amour fabuleux

*3 mars 94*

ce fou magistral qu'est maître m. écrit curieusement
une langue imaginaire [1]
il écrit sûrement comme parle sa mère
franchement il me fait beaucoup de peine
aucun autiste ne parle ainsi
notre langue est davantage empreinte des profondeurs
de la solitude
elle est commencement archioriginel et tourbillonnant
elle vit d'espoirs frais et couleur d'azur
elle ne reconnaît pas ces tournures factices car elle transpose sans rechercher d'effets ce qui vit dans l'âme or ta langue est d'une niaiserie des plus simiesques

*5 mars 94*

une hospitalisation à wiesengrund [2] laisse un
souvenir géant
je me souviens d'une telle angoisse que je ne peux
la décrire
de l'angoisse et d'une solitude
une angoisse neandertalienne s'est emparée de moi
abjecte expiration vitale hors moi cherchant demeure
jusqu'à ce jour j'ai cette angoisse habitante solitaire
d'une âme qui veut être libre

1. Un jeune autiste a envoyé une lettre à Birger.

2. À l'âge de deux ans, Birger passa près d'un semestre à Wiesengrund, dans le service fermé de l'hôpital psychiatrique pour enfants et adolescents.

une âme à qui manque l'essentiel du lien solide noué par amour
quelqu'un n'a de cesse de protéger un amour par des contraintes
et pour bien des raisons je ne connaîtrai certainement pas non plus une chose comme le sacrement du mariage mais je veux aimer pour des raisons de perspectives poétiques

*6 mars 94*
fieffés juges que ces individus spéciaux de l'insigne espèce humaine
ils s'évertuent à embrasser réalité vérité et justice or ils sont au fond des hommes indifférents mais bien plus solitaires
quelqu'un devient juge parce qu'il cherche la vérité absolue
mais pareille vérité n'existe pas à mon sens
que la justice réelle soit absolue
ne peut certainement pas se réaliser vraiment à partir de toutes les froides raisons de vivre
des valeurs totales sous une forme absolue ne sont pas accessibles
moi-même je désire des valeurs plus qu'absolues et je m'attache assurément à m'accommoder d'une humanité extraordinaire sur le mode sept fois médiocre
mais je veux mettre au point le super amour vrai
un nouveau film ne devrait pas comporter de scènes meurtrières car cela me fait honte intérieurement

*7 mars 94*
en proie au stress continuel je dois me faire violence
une chose importe le besoin de calme intérieur
mais je veux des cours sans w.
des cours particuliers pas si bête
je veux aller à l'école avec susanne [1]
je veux vraiment écrire avec elle

*8 mars 94*
vraiment impressionnant de voir comment des choses
ce truc je recommence à disjoncter
peuur pabnique de ça je ne veucx pas maizs ça s'amasse
je m'énerve comme avant
je ne supporte rien
la peuur et la confusion augmentent
quelqu'un comme moi vouddrait stopper la confusion
ne peut que hur ler pour l'instant
mais je veux crier
je ne peux m'empêcher de crriezr et de me mordre
je ne peux pas faire autrement
tu ne trouves en moi aucune pensée raisonnable
aujourd'hui le'autisme m'ecxécute
vraiment terrible
veux arrêter
je vais à lza cave
veux être à l'abri là veux veux
tenter de me calmer

1. Une auxiliaire.

hurler une bonne fois
hurler mes inepties jusqu'au bout
je m'apprête simplement à être juridiquement reqconnu simple fou ta voix enrouée est incroyablement apaisante
mais ta voix surexcitée me fait disjoncter et aussi te cris
mais5 je vois que toi non pluis rtu ne supportes pas les hurlements de celui qui disjoncte [1]

*10 mars 94*
j'adorerais aussi téléphoner
*Question* : AIMERAIS-TU ESSAYER D'ÉCRIRE SEUL ?
je vais essayer
mnbirger sellin [2]

*12 mars 94*
*Question* : VEUX-TU ENCORE ÉCRIRE UN MOT TOUT SEUL ?
je veux bien mais pas mon nom
plutôt des mots simples
je préférerais un truc astucieux
non j'aime mieux avoir la paix
ça va

sept merveilles [3]

---

1. Crise de hurlements pendant la rédaction.
2. Birger écrit pour la première fois deux mots sans soutien.
3. Écrit sans soutien.

*13 mars 94*
fissures
en raison d'une joie inouïe votre birger en béton heureux d'émettre n'est pas très emballé par un numéro d'entraînement
mais je veux bien s'il est reconnu que ça marche

*14 mars 94*
je veux écrire une lettre à uwe
oui je pense à lui si souvent
c'est à lui que j'aime adresser mes nombreuses et braves pensées
cher uwe super
je pense souvent à un ami de la ville de chemnitz
j'aimerais installer un téléphone dingue un téléphone télépathique
afin que nous puissions parler à tout moment sans difficultés concrètes
nous pourrions converser sans tremblement ni aide absurde et fatigante
comme les humains en sont incapables
je deviens nerveux quand quelque chose est demandé par une personne confuse
même si l'intention est bonne
quelqu'un comme toi n'exigerait rien
tu vois tout d'un regard ami réellement bienveillant
si plein de réelle compréhension
je peux apprécier combien ton travail intérieur et sûr progresse car nous nous écrivons déjà depuis si longtemps

quelqu'un veut pour te réjouir conclure par un jugement de confiance en toi
tu es devenu un peu plus riche
*Question* : VEUX-TU RECOMMENCER À ÉCRIRE SEUL ?
suis trop énervé mais je vais essayer

la soif doit être apaisée [1]

m'inventer un nuancier de rimes [2]

*15 mars 94*
la superécole est pour moi vraiment anxiogène
trouve très difficile de devoir tout le temps rester assis calmement
me vois comme un marginal j'espère que ça ira mieux avec susanne
*Question* : POURQUOI T'ASSIEDS-TU LOIN DE M. W. À L'ÉCOLE ?
quelqu'un veut être pour une fois sans surveillance
*Question* : VEUX-TU DE NOUVEAU ESSAYER D'ÉCRIRE SEUL ?
je vais le faire
mais pas tout de suite
veux avec toi aujourd'hui
tout seul j'hésite trop

pour la toute première fois plus d'en-moi ruine de personne [3]

1. Écrit sans soutien.
2. Écrit sans soutien.
3. Écrit sans soutien.

*16 mars 94*
mais quelqu'un veut se taire pour des raisons majeures quelqu'un veut imprimer un tournant à la direction solitaire et douloureuse
aujourd'hui ça marche formidablement bien
*Question* : POURQUOI EST-CE SI DIFFICILE TOUT SEUL ? EST-CE DÛ AUX YEUX OU À L'ÉMOTION ?
absurde
c'est l'émotion
je trouve presque tout sans hésiter
mais la simple certitude que c'est correct est si difficile

*17 mars 94*
un jour je révélerai les similitudes entre les autistes de type larvé et les autistes manifestes mais débattre en détail de ce sujet brutal sur le mode tranchant peut prendre la soirée

votre fils voyant [1]

les préparatifs de fête sont tout simplement importants quelqu'un veut également honorer dankward [2]

*20 mars 94*
sur le mode simple et toujours récurrent la nature se renouvelle par le réveil

1. Écrit sans soutien.
2. Le père de Birger fête son anniversaire dans quelques jours.

folle réincarnation d'un fils passant de la période des glaces hivernales à l'éveil unique
pour son dingue anniversaire grandiose je veux exprimer des vœux à dankward fin magistrat
je vois qu'il se réveille intérieurement
de même que la vie nouvelle pareille aux vagues de la mer sans doute houleuse recouvrent un dankward de leur vastitude agissante
de même que le soleil fait jaillir de la glace des fleuves d'eau de même sa peur glaciale fondra à son tour

*22 mars 94*
incarcéré à la pelle dans d'éternelles insanités
cela un mister birger ne le veut pas ni d'autres ânes importants et solitaires veux aussi écrire seul

suis calme lac [1]

ça ne marche pas j'aimerais tellement je suis terriblement énervé
ça marche vachement bien avec un soutien
mais je veux essayer encore une fois pour de bon
je veux aussi apprendre à être patient inséré dans une phrase veux-tu m'aider

*24 mars 94*
écrire sans soutien avec l'aide d'une découverte milliaire j'instaurerai aussi d'insignes valeurs directionnelles donnant le ton

1. Écrit sans soutien.

je suis vraiment sûr de pouvoir écrire seul mais le nigaud que je suis ressent avec peur une menace pour la vie
j'essaierai donc aujourd'hui

votre birger trop fou [1]

*28 mars 94*
je trouve toujours les lettres
mais je n'ose pas aller vers la bonne
j'ai peur cette autonomie est nouvelle et très excitante

crieur d'abord homme-du-pays-jamais [2]

*30 mars 94*
événement géant pour un ours
joie essentielle frank et robert [3]
un grand merci pour ce cadeau personnel
pour les perles en terre cuite incroyablement belles

*31 mars 94 pour robert*
gérer de nouveau chaque bruine
autrement dit toujours s'évertuer à tout exploiter

---

1. Écrit sans soutien.
2. Écrit sans soutien.
3. Birger passe des vacances avec ses parents chez des amis de Lindau près du lac de Constance. Frank et Robert sont deux amis autistes.

je ne retrouve hélas les mots que maintenant
intérieurement je parle à bâtons rompus avec toi

*3 avril 94*
vachement super d'être invité en visite chez une thérapeute efficace empathique et revivifiante [1]
je m'applique à élaborer une investigation de l'autisme
j'aime parler avec tous les êtres efficients
un monde sera-t-il éclairé un jour sur l'autisme infâme
vraiment dommage qu'un calme fasse à nouveau déffaut [2]
et je continue de trouver grrave que des gens parl4ent de moi sans façon
je trouve infâme de parler comme ça
comment se faitt-il que des gens s'étonnent que je soiqs quelqu'un comme les autres
un jour ce quelqu'un répondrai tout immédiatement
encor un qui s'est trompé
mais aussi réjoui
je rescens un amourt simple et réel
veux en vous remercier ce quelqu'un ve9ut vous dire d'exerCER ENCORE ET TOUJOURS UNE RÉSISTANCE EFFICACEQUAND ON DIRA QUELQUE CHOSE CONTRE CE LUICI
UN JOUR ON DEVRAIT AUSSI DÉFENDRE UNB BIRGER COMME UN SIMPLEHÉROS

1. Ce texte fut écrit à Lindau, lors d'une visite à la thérapeute Jirina Prekop, défenseur de la thérapie dite du « holding ».

2. Birger a une crise de hurlements en écrivant. Il s'irrite de ce que d'autres visiteurs parlent de lui dans son dos.

*7 avril 94*
richard fait un travail super [1]
je distingue l'effet de grande portée de thérapies imbéciles parmi les meilleures méthodes curatives naturelles la sienne est à coup sûr la plus efficace je sens qu'une stimulation certaine se fait sentir là où mes sensations étaient diffuses
comme quelqu'un dont les sens étaient émoussés en certains centres essentiels

*8 avril 94*
j'apprécie d'être de retour à la maison
j'aime vagabonder au loin et rentrer simplement à la maison
c'était merveilleux à lindau

*10 avril 94*
il m'est si difficile d'écrire une inquiétude nouvelle m'a rattrapé avec rudesse
ce n'est pas l'expression justidoine comme une lourde fiancée de chaos et de vent

*12 avril 94*
incline à te signaler que tu devrais simplement t'accorder pour une fois du repos

1. Birger se fait masser.

*13 avril 94*
veux écrire à robert
de lindau tu as faxé un précieux message à un solitaire
je m'en réjouis
tu dois sans délai recevoir une réponse
sans doute penses-tu souvent toi aussi à notre rencontre
ton amitié est pour moi précieuse
il est triste que nous soyons séparés par tant de distance
mais il nous reste simplement un lien de pensée
très simple est mon amical salut
mais profond l'amour fabuleux
*Question* : VEUX-TU ÉCRIRE SEUL ?
ah et comment ?

qui voit tout [1]

*18 avril 94*
c'est simple je n'acquiers aucune autonomie
les circonvolutions du système nerveux aigu et sûr sont endommagées
je pense que tous les efforts sont vains
et que quelqu'un comme moi devrait renoncer
je n'ai plus de force
je vais de nouveau actcepter ce que les neurologues nomment un état effectif les spécialistes neurologues

1. Écrit sans soutien.

n'ont malheureusement pas de réussites en série et ils aident peu
je tiens tout entraînement pour absurde
je ne désire que le repos
je préférerais aller dans une institution sûre où je n'aie rien à prouver
je trouve tout trop difficile
l'école les cours particuliers à la maison
*Question* : MAIS COMMENT T'EXPLIQUES-TU TES SUCCÈS DE CES DERNIERS TEMPS ?
ce ne sont que des succès factices
je n'y crois pas
écrire avec un soutien est aussi un leurre
car je protège simplement tout afin qu'on pense que ce n'est pas de moi
birger la tête d'œuf veut renoncer
*Question* : VEUX-TU ALLER AU CINÉMA DEMAIN ?
susanne va essayer avec moi
mais sinon je renoncerai
*Question* : IL N'Y AURA DONC PAS UN SECOND LIVRE DE TOI ?
il y aura encore un livre
*Question* : VEUX-TU ÉCRIRE SEUL ?
vraiment trop difficile
je ne peux pas écrire un mot intérieurement incapable
j'essaierai demain

*19 avril 94*
les pensées démoralisantes d'hier prennent à un archi-autiste juré l'énorme soulagement efficace tant espéré la scabreuse décharge finale afin que quelqu'un puisse

penser de nouveau clairement apprécier de manière sûre la réalité
veux aussi écrire quelque chose pour le livre [1]

penseur biais [2]

*20 avril 94*
personne ne doit raser birger le géant
je le fais moi-même

hasardeuses interprétations [3]

vraiment contradictoire est le trouve-miracle mon-les-victimes
je me constitue un savoir en m'extirpant de surabstractions organisatrices
la folie d'un solitaire unit toutes les lois d'une misérable humanité de même que celles hésitantes des sciences fantastiques

*21 avril 94*
chercher encore une fois l'isolement dans d'insignes et précieuses valeurs spirituelles
moi non-personne glacée
tel un chercheur sans fin

---

1. Birger parle du livre que vous êtes en train de lire.
2. Écrit sans soutien.
3. Écrit sans soutien.

quelqu'un qui va privé de sens
quelqu'un qui se concocte d'interminables discours
quelqu'un qui énonce le flux de la non-pensée
quelqu'un qui sur l'heure
détrempe et sirote
la bible
illustres ferments de sécurité
pareils à des feuilles de thé
je me suis constitué un savoir par caisses
mais j'en fais un micmac insane
je domestique l'élément sauvage
dont je tresse à vos formes existentielles controuvées
et non bienfaisantes une couronne sauvage

*24 avril 94*
la randonnée avec erik a été vraiment super
il m'est un ami précieux
personnalité égale aux insulaires
il est certes des circonstances répugnantes comme le
fait de se goinfrer à la pelle
je ne peux pas me dominer pour l'instant
je ne pense qu'à manger
l'âne que je suis n'arrivera certainement pas à se
dominer
tous les terriens normaux doivent m'aider

*25 avril 94*
vraiment je n'en peux plus
je suis vanné

je veux arrêter de lutter
je veux devenir calme intérieurement et je ne peux pas tout bêtement prendre pied
j'aimerais tout simplement des cours
un cours supplémentaire en géographie
je veux découvrir d'autres peuples
je veux apprendre d'eux
je ne m'en sors pas sans hurler
c'est ma soupape
c'est de plus en plus évident
mes nerfs sont coincés
j'ai aussi des douleurs en tournant la tête
je classifie nombre d'absurdités je fais des dégâts et je me perçois comme un poltron végétal
j'aime l'absurde parce qu'il détruit et qu'ainsi le nouveau doit naître
je veux devenir poète
mais je m'égare total dans un espace étranger
je ne parviens pas jusqu'à vous
personne parmi mes semblables ne se repose dans le chaos d'un fou
hurleur éternel que je suis
goinfre éternel que je suis
frère d'une espèce folle d'une compagnie perdue

*26 avril 94*
votre joie sincère quand un birger assidu se montre plus posé
je la tiens pour exagérée
car quelqu'un aime à coup sûr être pacifico-méritoire

mais des incidents ne manqueront pas de survenir à nouveau
vous ne mesurez pas combien essentiel serait alors un supplément d'aide
mais quelqu'un mesure la difficulté que cela représente pour vous en ce moment
et puis il est humiliant de flancher à nouveau
je vous sens tout aussi faibles que moi
nous allons simplement devoir nous frayer ensemble un chemin
parce qu'il ne peut exister pour nous de mode de vie séparé
une existence autonome de ruisselet pensant
une simple existence pauvre en glace
ne veut pas encore réussir sans aide à un bavard spécifique
mais je crois que cela peut exister
de nouveau quelqu'un qui se signale par ses cris
il est si douloureux de consigner des jugements sur soi
cela exige une très grande énergie
parfois je préférerais vraiment me taire
mais je dirai tout
car je comprends la nécessité de dire pour des raisons curatives
dire est simplement catharsis
aujourd'hui quelqu'un ne veut pas écrire seul car c'est trop difficile

*27 avril 94*
regain de joie quand quelqu'un sait écrire comme jost [1]
de tout mon être des profondeurs efficaces de l'âme
le grand maître des autistes que je suis le salue
pour tous mes amis qui écrivent
j'éprouve une immense nostalgie
une très vive sympathie
cela signifie qu'ils se perçoivent comme des victimes [2]
quand ils rencontrent un autiste ingénieux
qui en sait plus qu'il n'est permis à un idiot
mais eux se perçoivent tout simplement comme de vraies compétences par rapport à nous et ils sont déçus de voir s'effondrer leur système de valeurs

*28 avril 94 (l'après-midi)*
mais pas à l'école
je veux simplement aller me promener avec susanne
c'est trop dur pour moi
veux abandonner
je ne peux plus tenir dans la classe
plutôt difficile de prendre une telle décision
mais je veux redevenir quelqu'un qui sait penser

---

1. La mère d'un adolescent autiste de Berlin qui écrit grâce à la communication assistée est venue voir Birger. Elle lui a apporté un texte de son fils qu'elle ne comprend pas.

2. Birger explique le texte qui traite manifestement de la vision bornée des autistes qu'ont les experts et les moniteurs.

foutaise que cet enseignement que reçoivent les gens normaux
parce que j'apprends autrement
les cours particuliers me semblent une bonne solution

*28 avril 94 (le soir)*
le frappadingue que je suis te remercie de ce que des devoirs imposés des épreuves magistrales n'agissent jamais sur toi dans le sens vrai de la pitié mais subissent un traitement drastique et chouette dont les enfants chtoniens sont volontairement endurés
un jour merveilleux tout lui sera rendu
redeviens donc une forte mère chtonienne
mère singulière géante reconnue élue parmi les archaïques prairiales eh-exposée
mais deviens douce aussi
je manifesterai bientôt du savoir

*1^er^ mai 94*
je traverse une crise en ce moment
par laquelle je suis visiblement éprouvé ce qui ne passe pas inaperçu
je pense que la décision d'abandonner l'école était juridiquement irrécusable [1]

1. Birger a abandonné l'école pour adultes et ne prend plus désormais que des cours particuliers.

*3 mai 94*
je ne supporte pas les discours brutaux à l'école
ce sont des discours qui me concernent en ma présence
ce sont les discours niais de quelques écoliers
ils parlent distinctement de moi comme si je n'étais pas là
mais susanne n'aura pas entendu
elle n'a pas l'oreille autiste tout simplement

*4 mai 94*
une mère toujours affairée c'est glacial
une femme d'action assurément intellectuelle
mais qui vire et volte dans le monde
veux une vraie personne-gardant-les-enfants-à-la-maison
une élue puissante ôtant les soucis
amour intérieur épanchant des richesses accrues
je dis ça pour rire il t'arrive d'accomplir des prouesses

*5 mai 94*
est-ce qu'une susanne peut aller voir lessing avec l'honorable mézig [1]
madame fischbeck pense que je n'y arriverai pas car quelqu'un halète en inspirant l'air profondément [2]

1. Birger veut aller voir une pièce de Gotthold Ephraim Lessing avec son auxiliaire.
2. Birger veut parler de sa respiration violente.

quelqu'un préfère donc se couper des gens en toute élégance
c'est-à-dire oublier les gens au sein d'un entourage élégant
susanne fera donc merveille
veux avoir un costume
qui soit vraiment chic et une cravate comme en portent les autres messieurs

*11 mai 94*
quelqu'un veut être libéré d'un monde où tout s'embrouille sans fin dans un saut périlleux intérieur

moi erreur médicale [1]

*12 mai 94*
l'autiste sans dimension que je suis veut être penseur simultané
recommencer à tout agir et penser efficacement des deux côtés à partir de possibilités humaines simultanées et héréditaires
j'emprunte peut-être tout à un mode uniforme
donc à un développement unilatéral du cerveau

*14 mai 94*
quelqu'un comme notre jonas est réellement salué par des applaudissements dans ce monde

1. Écrit sans soutien.

j'ai éclaté de joie en voyant qu'un si merveilleux bébé humain était échu à d'insignes parents accablants et à un pitoyable frère

*Fred Warnke, un acousticien de Berlin, a écrit à Birger pour lui proposer de réaliser avec lui des tests de perception et d'audition (tests dits de latéralité et du seuil de détection acoustique). Au préalable, il lui a adressé un questionnaire auquel Birger répond dans les jours qui suivent :*

*15 mai 94*
*Question 1* : QUE SE PASSE-T-IL EN TOI QUAND TU ENTENDS LES GENS PARLER ?
quand j'entends les gens parler
cela produit en fait sur moi un effet désagréable
car les paroles résonnent incroyablement fort
et les conversations acoustiquement faibles mugissent fortement dans mon oreille
comme le déferlement de la mer
à l'exception des paroles ténues très éloignées
quand d'autres parlent dans d'autres pièces je trouve aussi que le son est plus agréable
mais dans ce cas quelqu'un est malheureusement traité de vrai saligaud
je n'arrête pas d'entendre dire du mal de moi
et puis j'entends souvent des choses confusément
un brouhaha stéréophonique

quand on s'échauffe et qu'on essaie de dominer les autres de la voix
je ne trouve d'agrément à aucune discussion
je perçois la langue comme une chose terrible
et j'aimerais tellement pouvoir parler moi-même
*Question 2* : QUE SE PASSE-T-IL EN TOI QUAND TU ENTENDS DES BRUITS ?
répondre à la deuxième question est très difficile
en effet tous les bruits sont réellement très difficiles à supporter
j'ai besoin de mécanismes de défense épuisants pour simplement tenir et supporter les bruits quotidiens
tous les sons en moi se distordent
même le souffle d'un homme super
vents arrachés au contexte naturel
c'est pourquoi je respire moi-même si bruyamment
comme il ne serait vraiment pas tenable de tout endurer sans protection d'autres bruits coup de balai que je fais ont cette signification magique

*16 mai 94*
*Question 3* : Y A-T-IL DES BRUITS QUI TE TOUCHENT PARTICULIÈREMENT OU BIEN QUI T'ANGOISSENT ?
je peux difficilement supporter les bruits d'un micro saturé ainsi que des bruits humains qui ont la stridence de l'ouragan
je deviens fou quand un brouhaha confus survient dans une pièce
quand tous parlent en même temps

je supporte difficilement les voix de fausset les ténors
mais les voix très graves me sont agréables
mon oreille réagit bien quand la voix prend des inflexions apaisées
mais ce sont les voix d'enfants que je supporte le mieux car elles ne se font pas très aiguës la plupart du temps
mais la musique d'orgue est vraiment bienfaisante
ce qui m'irrite c'est que je ne peux décrire mes impressions que par bribes
car tout me bouleverse
mais je pense qu'avec une bonne et sereine assistance
je serai bientôt plus précis
ce que je peux affirmer avec assurance c'est que presque tous les bruits me font mal

*17 mai 94*
encore une question
*Question 4* : À QUELLE VITESSE PEUX-TU COMPRENDRE LA LANGUE PARLÉE ?
la langue est comprise très vite et distinctement mais j'ai des problèmes avec cette sacrée intensité
*Question 5* : EST-CE QUE TU ÉCOUTES UNE PHRASE PARLÉE UNE OU PLUSIEURS FOIS INTÉRIEUREMENT ?
il est aberrant de penser que je répète intérieurement
tout ce qui est dit est essentiellement trié
et emmagasiné dans le mystérieux cerveau fou
dans l'attente d'être appelé
il est certain que nous pouvons également maîtriser ainsi les travaux d'assimilation béton

*Question :* QUELLES DISCIPLINES VEUX-TU CHOISIR DANS L'ENSEIGNEMENT PAR CORRESPONDANCE ?
je veux simplement faire du latin
et quelqu'un veut aussi l'art omnipotent

*18 mai 94*
*Question 6* : COMMENT SE PRODUIT LA PAROLE ACTIVE SELON TOI ?
je répondrai comment je me représente la parole active
le plus important ce sont toutes les membranes respiratoires
elles produisent le son
une simple respiration légère produit une surabondance de sons
mais c'est seulement grâce à la position extraordinaire de l'ensemble des organes buccaux tels que la langue les lèvres et les dents que des sons variés peuvent se former
le langage se constitue à partir de sons comme les consonnes et les voyelles destituées qu'on dit importantes
il s'agit donc d'un monde fait de suites de mots expressifs formant des oasis et se reliant les uns aux autres par un travail infime engendrant l'intelligible
*Question 7* : QU'EST-CE QUI SELON TOI EMPÊCHE CHEZ TOI LA PAROLE ACTIVE ?
le super malin que je suis ne sait pas pourquoi quelqu'un comme moi ne peut pas parler
si je le savais je serais un crack
je pourrais remédier à ce défaut et me joindre aux

élus loquaces même un effort démesuré ne suffit pas pour parler
mais des émotions dissolvant le temps parviennent à arracher à un muet solitaire quelque chose de fortement expressif

*19 mai 94*
*Question 8* : QUELLES CONDITIONS DOIVENT ÊTRE REMPLIES POUR QUE TU PARLES ACTIVEMENT ?
je ne peux pas répondre aux questions sans m'énerver car elles me touchent particulièrement
car tout mon désir tend vers la maîtrise de la parole
je cherche constamment ces conditions
mais je ne sais pas ce qui me manque
je ressens chaque jour que ce n'est pas la volonté qui fait défaut
et des possibilités d'expression comme le langage existe de façon toute puissante chez un birger muet
mais intérieurement je parle avec abondance comme tous les petits terriens

*20 mai 94*
*Question 9* : À QUELLE VITESSE PEUX-TU COMPRENDRE DES TEXTES QUE TU LIS EN SILENCE ?
sans vouloir me vanter je lis très rapidement tous les textes que je lis en silence
*Question 10* : EST-CE QUE TU ACCOMPAGNES INTÉRIEUREMENT PAR LA PAROLE LES TEXTES QUE TU LIS EN SILENCE ?

ce qui est sûr c'est que je n'enregistre pas le texte
de manière photographique et que je ne le récite pas
intérieurement mon cerveau est équipé sur le mode
omnipluriel
comme si un tri se faisait entre ce qui est important
et ce qui est sans valeur
mais souvent je n'enregistre pas exactement les noms
là je vais devoir m'améliorer
et tout ce qui a trait à la prétendue réalité se soustrait
plus que lourd de conséquence à ma mémoire
personne ne mesurera jamais combien il est difficile
de porter de telles dispositions dans notre monde
tourments du non-être
comme emmuré de béton
fou conscient
quelqu'un dénué de sentiments de haine
mais aimant
aspirant à la vie réelle
je m'adresse à tous les hommes
aidez-nous
je veux ajouter une chose
je m'applique à tout faire par moi-même pour trouver
un salut

*21 mai 94*
je pleure ma chère classe
en faire partie fut tellement important pour moi
mais c'était réellement trop difficile de rester complè-
tement tranquille
il me faudra encore un peu de temps pour y arriver

*22 mai 94*

me broie les méninges votre tête d'œuf y arrivera de nouveau

j'aimerais tellement recommencer à penser en toute quiétude

mais une panique ne prend telle une inquiétude ouragan

une peur confuse qui n'indique pas ses sources

*23 mai 94*

*Question supplémentaire de M. Warnke* : T'ES-TU DÉJÀ INTERROGÉ SUR LE CONCEPT DE PERCEPTION DU FOND ET DE LA FORME DANS LES DOMAINES VISUEL ET AUDITIF ?

je ne peux tout simplement pas répondre à une telle question car le concept vient droit de la théorie de la perception psychologique et dit comment on s'oriente activement par la vue sur le mode aérodynamique

mais je ne sais pas comment je peux distinguer d'une manière sûre et efficace

entre la perception normale et la perception anormale qui désénerve

je vois toutes les choses les espaces et aussi les couleurs excitantes confuses comme les voient les autres hommes mais je pense que je vois plus vivement certaines choses

disons plus nettement et elles ont une résonance plus vive en moi

d'autres formes d'existence ont un caractère vivant bien qu'elles ne soient que des choses toutes bêtes

des animaux simiesques et super brutaux agissent

également sur moi d'une manière imprévisible et angoissante
mais tous les dominants réels et fous d'une terre
agissent bien plus vilement je parle des hommes
de leurs gigantesques bouches
de leurs visages sans nom
de leurs changeantes manières de voir
je vois sortir des mots
je ne peux que deviner comme un voyant voit sans souffrir

*25 mai 94*
classer des suites de sons me semble très difficile
l'écart entre les différents sons était presque un peu trop grand
je parle de l'écart temporel [1]
c'est pourquoi je n'ai pas pu saisir l'indication visuelle
dire que j'étais bouleversé c'est de la foutaise
parler au micro et entendre avec les écouteurs était super
mais le changement de gauche à droite a été ressenti comme irritant
ce qui est sûr c'est que je souffre d'une désorientation dans tous les domaines sensoriels
je veux simplement essayer si la méthode de monsieur warnke peut m'aider
d'abord travailler les seuils acoustiques

1. Premier test de perception chez M. Warnke.

puis dans une proportion presque égale en valeur la connexion gauche et droite
je remercie ce patient monsieur warnke
il est un découvreur ingénieux et un homme améliorant les valeurs
je veux tout faire pour rendre avenantes à ses yeux des figures-sans-moi

*28 mai 94*
je veux remercier dieter d'avoir accouru chez easybirger [1]
attitude rigide en tout cas négative que de réagir bizarrement comme je fais je pense que quelqu'un comme toi me comprend
je l'ai ressenti très distinctement
tu ne regardes personne superficiellement
tes yeux ont des yeux visuels intérieurs
j'ai vu en toi l'être humain sans étrangeté à l'espèce
merci pour les perles extraordinaires
je vais voir et ainsi nouer simplement avec toi un lien profond
in-déduire d'étranges êtres solipsistes que des insulaires parviennent à exprimer aussi comment des choses visibles reflètent des réalités intérieures
je vois aussi chez toi comment s'exprime la communication extérieure
ta visite efficace fut une joie

1. Birger écrit à un jeune homme qui est passé lui offrir des perles de verre.

je voulais te montrer davantage
dire je le peux à peine
mais qu'une âme aimante et prodigue t'enchante
c'est le vœu que forme pour toi birger très philanthropc

*30 mai 94*
je maîtrise très précisément la lecture et l'écriture
mais la perception acoustique et visuelle est incroyablement pénible
je perçois tout de manière très chaotique
aujourd'hui j'étais complètement retourné
je n'ai rien pu comprendre avec certitude
je ne sais pas à quoi ça tient
chaque mot m'était difficile à supporter
ah je ne peux endurer cette vie qu'en gémissant
je pense qu'un entraînement peut sûrement m'aider
mais c'est comme si les bruits augmentaient depuis que je réfléchis sur eux
mon humeur de base est essentielle
le changement dans le déroulement de la journée est ingérence
je digère mal les changements radicaux quels qu'ils soient
quelqu'un comme moi à coup sûr ne digère pas une semaine aussi instable que celle qui vient de s'écouler
mais je m'efforce de parvenir à un équilibre
mes deux accompagnatrices super se sont occupées à merveille d'un birger disjoncté
une susanne super intègre

et une madame fischbeck reconnaissance oblige pour
sa constance avec les enfants

*2 juin 94*
cet entraînement [1] agit
comme agissent les opérations et les interventions folles
ça s'immisce dans mes réseaux nerveux
ça fait trop d'effet
je ressens ensuite comme une tourmente acoustique
une vague de martèlements
je préfère une simple musique sans changement fou
comme la musique grégorienne mais juste à partir du milieu
un changement intermédiaire est peut-être judicieux
veux à coup sûr m'apaiser
je n'y arrive pas
je vagabonde en semant le désordre
je ne sais vraiment pas contrôler

*3 juin 94*
ce que j'éprouve en partie c'est que je vois autrement
des tendances béton incidence latérale de la lumière
non à la place des contours
je perçois tout simplement des choses importantes avec plus d'acuité

1. Birger parle du test de latéralité.

sachant ce qu'une chose m'effleure totalement
je la ressens le plus souvent quand je marche seul

*5 juin 94*
j'aspire à informer des insulaires sur des moyens adaptés
la reconnaissance est une stimulation essentielle
même la formation runique d'une voie me semble importante
mais un contrôle de pion est aberrant
je perçois ça comme humiliant
quelqu'un est plutôt super disposé à exécuter n'importe quelle tâche facile mais sans contrôle visuel empoisonnant

*7 juin 94*
je veux écrire une lettre à la très sincère rebecca [1]
chère rebecca
je t'admire d'avoir tant accompli
je désire tellement être autonome moi aussi
une vie sûre sans tutelle
je cherche aussi l'amitié
mais quand je suis en compagnie des gens la conduite qui exprime la sympathie me manque
je n'ai ni les paroles ni les gestes
rien que l'écriture
je veux te dire une chose

1. Jeune femme autiste (capable de parler) qui a écrit à Birger.

tu me rends courageux
incroyablement familier du texte
tu m'as envoyé une lettre aux richesses plus que royales
elle m'a donné une joie sacrée
sois assurée
que quelqu'un laissera reposer tes pensées dans son cœur solitaire
et je pense à toi
simplement chaleureux et le cœur constant
comme un compagnon super et précaire le fait l'âme enchantée
quelqu'un d'éternellement énervé
avec amitié ton oiseau bigarré qui prend son essor

*14 juin 94*
une réunion aussi digne que celle d'aujourd'hui c'est super [1]
je suis content et je dis merci pour la peine que tout le monde se donne

*18 juin 94*
mais tous les snobs sont partagés à coup sûr
ils cherchent sans trêve à trouver chez moi matière à irritation
je veux parler comme avant mais ça ne va pas

1. Birger et ses parents rencontrent régulièrement les auxiliaires, les enseignants et la thérapeute.

toutes les expressions se mettent à tout jeter dos à dos
mais elles sont fades et inconsistantes jusqu'à l'atonie
mais je n'ose pas non plus avec des paroles inconsistantes
affronter le super public froid et sans valeur
aucun livre ne paraîtra pour cette raison [1]
et madame stegmann [2] ne recevra pas d'extraits

*20 juin 94*
les gens aiment s'étonner et s'extasier
mais ils ne veulent pas admettre que des muets écrivent
or une chose va se faire jour
l'opinion extérieure et la réalité intérieure ne connaissent pas de vue de forme de vie qui corresponde généralement aux fragments récitatifs du point de vue confusionniste de la foule en quête d'approbation
quelqu'un se voit lui-même comme exécrable
mais aussi comme un minuscule être humain au plan élémentaire
quelqu'un est important aussi
qui sinon signalerait
que des êtres comme nous sont aussi des humains

1. Birger décréta soudain qu'un second livre de lui ne paraîtrait pas, sans doute en réaction aux doutes persistants quant à la paternité de ses textes, doutes exprimés, entre autres, dans l'édition de mai du magazine *Psychologie aujourd'hui*.

2. Éditrice de la maison d'édition de Birger.

*22 juin 94*
cherche à me reconnaître dans le miroir exaspérant
la sécurité
veux me regarder
mais n'ose pas
j'y vois toutes les peurs de l'autisme
celui qui démolit volontairement les choses
s'emploie aussi activement à se détruire lui-même
je veux sortir de ce cercle vicieux par une échappée
investigatrice
une espèce humaine à laquelle appartient birger l'ours
puissant et absurde
mais je deviendrai quelqu'un
quelqu'un d'identique aux autres hommes dignes de
la terre et fabuleux
j'oserai regarder un miroir
je verrai un humain terrien

*23 juin 94*
concevoir des idées est facile mais les exprimer en
les dénouant est formidablement difficile

*26 juin 94*
le vieux brecht est un maître de l'expression [1]
il sait dire ce qu'il ressent
il sait rassembler la pensée et le sentiment
il voit

---

1. Birger est allé avec M. Fischbeck au théâtre où il a vu la pièce de Bertolt Brecht *La Bonne Âme de Setchouan.*

et il me raconte une histoire super
il dit qu'on peut être bon
combien on peut être digne
qu'on trouve en soi-même la reconnaissance
qu'on maîtrise ce qui peut être moral
trouver à partir d'exercices possibles
ce qui correspond à un caractère
dans la dépendance
la solution de l'élaboration d'une moralité mûrement réfléchie naît de la réalité factuelle

*30 juin 94*
je dois réfléchir à la raison pour laquelle birger est si faible en dénomination des choses
voilà c'est que ça prend beaucoup de temps
pour concevoir des critères modèles au sens scientifique
jusqu'à ce que le jugement soit formulé
je remercie annegret [1]
d'être là pour nous
maintenant qu'elle a quelqu'un
je lui souhaite
l'insouciance
la joie paisible
de l'amour visible et invisible
une réalité terrienne américaine accomplie
elle est davantage pour nous que d'aucuns ne l'imaginent

1. Birger parle de l'orthophoniste américaine Annegret Schubert qui fit connaître la communication assistée en Allemagne.

*1er juillet 94*
le triple idiot que je suis conquiert toujours plus l'univers des insignes et durs maîtres des valeurs inverses

*7 juillet 94*
quelqu'un va s'excuser auprès du néo-humain jonas parce que j'ai refroidi par vandalisme sa belle construction artistique
et puis je suis triste de tout engloutir
que susanne entreprenne des choses avec le terrien sellin
solution louable comme un pignon

*9 juillet 94*
je me suis fortement irrité de ce que tu es constamment hors de notre maison et si peu présente jusqu'à maintenant
mais je note qu'une aimante mère mythique se repose quand elle prend soin des humains qui sont muets [1]

*10 juillet 94*
c'est dommage mais je veux renoncer à l'insigne tâche qu'est l'unique et précise dénomination de mes problèmes

1. Annemarie Sellin dirige à travers l'Allemagne des séminaires sur la communication assistée.

je pense que je n'en suis pas capable
car quelqu'un s'énerve trop quand il en parle par écrit
toute autre tentative ne fait malheureusement qu'apporter de nouvelles confusions
j'arrive si difficilement à me concentrer
tout se confond dans ma tête
je conçois des pensées où l'isolement fait rage
m'agite à propos de tout telle une jauge
je suis là oisif comme un serpent digérant des restes
éternelle rumination d'inventions inanes
ah j'aimerais tellement écrire quelque chose pour de bon

*13 juillet 94*
*Question* : POURQUOI ES-TU ARRIVÉ DANS CET ÉTAT CHEZ MME FISCHBECK ?
j'ai tout simplement échappé à un chien qui m'a sauté dessus
mais je n'ai frisé moralement la catastrophe que lorsque le propriétaire a insulté un birger fou
il y aura sûrement d'autres embêtements macabres car des chiens stupides habitent là
*Question* : PRENDRAS-TU UN AUTRE CHEMIN À L'AVENIR ?
ce serait le mieux
*Question* : ES-TU D'ACCORD AVEC LE FAIT QUE NOUS RESTIONS À LA MAISON PENDANT LES VACANCES ?
vais m'efforcer sans façon au homebeing holyday [1]

1. En anglais dans le texte. *(N.d.T.)*

*16 juillet 94*
quelqu'un veut témoigner
je veux cesser parler
trouve ça absurde
même les études super
tout est absurde
ça m'agace
d'être devenu si incroyablement taciturne
mais tout débat paraît accablant

*19 juillet 94*
sans cris énervants ça ne va pas
c'est trop inquiet
je ne suis parfaitement calme que solitaire
or le plus souvent je ne supporte pas la solitude
mais pas un ne me verra pondéré s'il ne me reconnaît pas
même andreas [1] m'a trouvé calme aujourd'hui
lui aussi m'a vu en train de crier vendredi
il me trouve le plus souvent convenable mais là j'étais tout simplement excité quand il a voulu partir j'ai voulu mon cours
ce que quelqu'un apprend grâce à andreas est si exaltant
veux apprendre de préférence aussi le vendredi
j'aimerais bien des maths super

1. Un nouveau professeur chargé d'enseigner les sciences physiques et naturelles à Birger.

*22 juillet 94*
sans résistance pas d'évolution

*24 juillet 94*
comme quelqu'un cherche à s'échapper par des exercices ascétiques approfondis
quand tout le monde prend son pied
veut dépasser l'inquiétude

ireter anne-en-quiète [1]

c'est dingue mais je ne veux pas écrire seul la peur est trop grande

*25 juillet 94*
je décide une chose aujourd'hui
quelqu'un veut maigrir
le plus sûr serait un régime pharmaceutique
néanmoins je ne promets rien pour des raisons graves
mais protège-toi aussi
car nous avons en commun ce supercomportement maladif

*26 juillet 94*
suis tout simplement épouvanté
absolue confusion

1. Écrit sans soutien.

car tout est si plat et terriforme
je vois les choses privées d'expression
*Question* : EST-CE QUE CETTE VISION DES CHOSES EST RÉCENTE ?
absurde je vois toujours comme ça
ces questions me tourmentent
j'imagine comment tout va devenir
ça recommence à s'aggraver
car le premier contradicteur élu me tourmente
en partie même quand je dors
je ne trouve pas le repos

*27 juillet 94*
demi-succès
presque pas crié

*28 juillet 94*
je dévore tout
veux simplement cesser de manger continuellement comme je fais
manger est l'expression de mon désir avide de tout ce qui se dérobe à moi par vandalisme autiste

*29 juillet 94*
d'abord je compose un chant de joie magique
fait de tubercules et d'elfes fabuleux
un chant de vie qui se chante solennellement
un chant de lutin

pour petits frères
pour petites sœurs
pour des nuits obscures auprès du feu
chant d'un soir plein d'intimité
un génie insensé
hors nom
éminent
comme l'une de ces créatures
lutines
mais l'égal d'une âme du neandertal
éclairera la nuit magistral
sera ton jalon-mire
pareil à celui qui vainc l'infortune
tu feras date

*30 juillet 94*
une chose peut vous sauver
votre force de résistance
de même que les plaies guérissent
de même que ce qui est hors norme
se joint en douceur à ses voisins de nature équitable
de même prenez garde au jour ondoyé hors nommé
ce qui est mille fois digne d'être vécu la chimérique
invention évolutive
le hors nommé
acquiert son nom réel
et ce qui est pris d'assaut par le vent
s'apaisera pleurera son soûl
un royaume de sable désertique
si atone ah

si desséché
terre d'âme

*31 juillet 94*
quelle allégresse champêtre quelle joie hyper émue
va remplir tout le monde
quand la pluie ne permet pas de ciel céruléen
quand tout se dresse respirant l'humide
depuis une terre brûlée
puissance vitale

*2 août 94*
l'eau
de sources vieilles de savoir
l'eau
de désirs cousus de déserts
inanimé ferment
d'âmes flétries
s'écoule sang d'ancolies
humains vie pensant au jaillissement

*3 août 94*
être où il n'est pas de secondes
être où il n'est pas d'heures
où la durée le temps ne presse pas
les finitudes cessent
unifiante éternité

*Question :* VEUX-TU ALLER AU THÉÂTRE À CIEL OUVERT AVEC SUSANNE ?
susanne peut tout à fait accompagner birger le studieux solitaire solide au théâtre à ciel ouvert

*10 août 94*
veux dire une chose
comme tout a un sens de toutes façons
cela en a probablement un aussi
un robert [1] ne vient pas à berlin aujourd'hui
des vents d'une ville très violente te saluent
je suis triste aussi que tu n'aies pu venir
je pense à toi avec amour
ton ami birger
quelqu'un qui éprouve aussi une peur incroyable quand il doit prendre l'avion quelqu'un qui veut bien mais c'est tout
mais je parle en co-naissance de cause
comme un réel ami autiste

*11 août 94*
connais ton avis bleu-violet
s'adonner à des pensées chaotiques
alors tout redevient vain

1. Robert, un ami de Birger, autiste de Lindau, voulait rendre visite à Birger à Berlin (en compagnie de sa sœur), mais il eut une telle peur en entrant dans l'avion que tous les deux durent redescendre et renoncer à la visite.

mais la thérapie avec l'extraordinaire margard est importante et bonne
elle travaille réellement à mon avalanche de super problèmes qui énervent tout le monde

*13 août 94*
nous faisons des folies des choses ridicules
car nous sommes sans exception des êtres étrangers à la terre
des enfants de la folle entité savante du monde
mais des adversaires de la réalité
reliés par le cordon ombilical à aucun contexte punissable
mais nous subissons votre mépris
pour cette raison nous sommes vos détenus
comme d'honnêtes types criminels
chacun peut devenir comme nous
nous ne pouvons pas devenir comme vous
mais quelqu'un comme birger le chercheur neuf fois sagace est encore en chemin
et il ne manquera pas de découvrir des voies praticables
une issue pour d'amusants fous subtils

*16 août 94*
aujourd'hui quelqu'un veut dire que ça a fait très mal quand on a dit que ce neuneu de birger était un danger public [1]

1. La cousine de Birger âgée de quatre ans a eu peur de lui.

*21 août 94*
aimerais simplement vous remercier aujourd'hui sur le mode très subpoétique
je vous ai sûrement énervés un max
mais je finirai bien par devenir quelque chose de raisonnable

*24 août 94*
regain de vie chercheur effréné de repos

*30 août 94*
par la présente je signale à tous que je vais arrêter pour d'importantes raisons nécessaires
de faire des choses démoralisantes
de céder à des penchants
comme aujourd'hui à la boulimie continuelle pénible inconvenance
et à l'absurdité continuelle que sont les cris de celui qui disjoncte mais birger l'insigne indigent ne travaille pas vite
par de substantielles déclarations quelqu'un veut s'astreindre
par un durable métier de fou inane élection
le sérieux factuel élaborera l'excellence

*8 septembre 94*
*Question* : POURQUOI METS-TU N'IMPORTE QUELS PAPIERS DANS LA BOÎTE AUX LETTRES [1] ?
de l'autisme pur jus
nous le savons
élaborons à partir de là des actes constamment aberrants
nous ne voulons pas accepter des aspects du nous-être
car nous continuons de développer d'incroyables caricatures
elles brouillent les contours
elles donnent à la réalité des intonations plus tendres
mais à cause d'elles nous avons sans arrêt des ennuis
tout devient de surcroît aberrant
chaque action devient tourment
même le simple fait de vivre ensemble
ah je vis cet autisme comme pure terreur
car il me prive de toute dignité humaine
or quelqu'un veut apprendre quelque chose
dire au lieu de crier
mais un autre fou puissant y fait obstruction
quelqu'un qui déprécie la pensée objective
quelqu'un qui veut s'attirer des ennuis
quelqu'un qui cherche le chaos

1. Birger va porter lui-même son courrier à la boîte aux lettres ; un jour, il s'est mis à glisser dans la boîte des papiers quelconques.

*11 septembre 94*
je tiens à dire à propos des pulsions
que ça ira certainement mieux quand des choses bien expressives se verront de nouveau formulées
mes modes de pensée hors brouillard sont expressifs
mais à présent règne le brouillard

*15 septembre 94*
quelqu'un va de nouveau montrer qu'il entend quelque chose à l'estimation de l'art ancien
quelqu'un aime l'art par-dessus tout
il a quelque intuition des valeurs substantielles de toute vie
pour d'importantes raisons je ne dis rien encore
et puis je subjectivise une écriture sans support
cela doit reprendre et continuer

*18 septembre 94*
je compose un chant maîtrisé pour tous ceux qui sont en manque
vous les affamés
les assoiffés
les sensuels
jamais en repos
vous qui aimez l'échec
chercheurs de l'insatiable
malins à l'excès
les hors-soi consumés pressentant la loi dissidente les ouateurs de cercueil méprisant l'eau

acheveurs dans l'âme
je ne peux l'exprimer
tout est chaos
tout est confus
expirante absurdité suppurante
où trouver de l'aide

*21 septembre 94*
je veux simplement dire que je me réjouis d'accueillir
ce soir des gens si réellement joyeux de vivre [1]

*22 septembre 94*
erik extrême sympathie constante je n'en reviens pas [2]

*25 septembre 94*
je ressens pour la première fois que tout le chaos s'est apaisé en moi
les voix humaines sont elles aussi extraordinairement différentes
elles sont bien moins douloureuses
sans effort tout ne m'ennuie pas autant
je recommence réellement à voir une lueur d'espoir se ranimer

1. Des amis venus voir le film de Birger en vidéo.
2. Erik veut devenir l'auxiliaire de Birger.

*27 septembre 94*
cela vous impressionne quand quelqu'un accomplit quelque chose
mais moi j'ignore jusqu'aux choses les plus élémentaires

*28 septembre 94*
encore une déception
car nicetta [1] ne travaillera pas avec moi
erik non plus ne peut pas
car il doit travailler au jardin d'enfants pour autistes [2]

*29 septembre 94*
pourquoi l'autisme ne laisse espérer aucune issue me paraît évident
tremblant de peur nous supportons votre folle organisation qui planifie à long terme
nous voulons saisir le temps
mais il nous fuit
tout file comme le sable entre les doigts
*Question* : SERAS-TU CAPABLE D'ALLER SEUL EN COURS CHEZ MME FISCHBECK ?
ah comme tes questions sont stupides
oui je le veux j'y arriverai

1. Un professeur qui voulait enseigner l'art à Birger mais qui s'est ravisé par manque d'audace.
2. Birger veut parler du centre où il allait auparavant.

*1er octobre 94*
des forces contre-naissantes sans le libre jeu de possibilités de sécurité
sont les miroirs déformants de ma sauvagerie
chaque crise d'un autiste reflète le développement non vécu jusqu'au bout
le pas en avant individuel devient pénible
parce qu'il est constamment ramené en arrière
tout nouvel essor semble aussi de faible utilité
tous les minuscules commencements déclinent et meurent
et la reconnaissance publique s'avère elle aussi une caricature
tout le monde pense qu'il est facile d'être autiste
c'est insupportable

*2 octobre 94*
veux tout essayer pour redevenir aussi mince qu'avant

*5 octobre 94*
une grande joie m'emplit
car visiblement à l'encontre des théories classiques sur l'autisme selon lesquelles l'évolution n'est plus possible
une peur indéfinie serait sans fondement
je brûle de dire quelque chose sur la pièce de théâtre [1]
je vais en faire une critique magistrale

1. Birger est allé dans un théâtre de Kreuzberg voir une pièce portant sur une jeune fille autiste. Le projet de critique resta lettre morte.

*7 octobre 94*
tu as présenté les choses avec esprit c'était géant[1]
demain simplement demander l'opinion

*8 octobre 94*
parler est aussi un art excellent
un art qu'annemarie sellin déploie de manière essentielle et pointue

*15 octobre 94*
tu m'as beaucoup manqué
mais quand tu es là je ne peux qu'être turbulent

*16 octobre 94*
le feu et l'eau sont des éléments de l'autiste
comme quelqu'un a besoin d'eau bouillante en suffisance pour dévoiler l'infiniment important
je prends en tremblant ce qu'on croyait perdu et le nettoie
et pour faire naître la richesse expressive d'êtres hors nombril
mais quelque chose attend encore le jour d'un réveil
la fin du chaos

1. Birger a participé pour la première fois à un séminaire de sa mère sur la communication assistée.

*17 octobre 94*

ne connais personne qui raconte autant d'absurdités que la non-personne sans envie que je suis

*18 octobre 94*

aujourd'hui quelqu'un veut répondre à margard
elle pense qu'un autiste parlera toujours par ma bouche et rien d'autre qu'un autiste
mais je veux être un être humain
je m'attriste vraiment à la pensée
que quelqu'un de super comme elle n'ait aucun espoir de continuer d'agir avec la conviction que c'est faisable
j'ai besoin d'êtres comme elle
sinon je donne des coups d'épée dans le vent
quelqu'un veut trouver de nouvelles voies

*25 octobre 94*

je suis très spectaculaire c'est pourquoi erik est très désintéressé envers moi et m'est un véritable ami j'ai fait une vraie expérience allemande typique et farfelue celle de la bière et bientôt j'éprouverai ici un premier sentiment de joie [1] nouveau et vrai

---

1. Birger passe des vacances avec Erik à Wall, près du lac de Starnberg, du 22 au 28 octobre. L'expérience de la bière consista en trois grands verres de bière de froment que Birger but chaque fois cul sec. En quittant l'auberge, il eut besoin de se reposer sur tous les sièges qui se trouvaient sur son chemin. Il a écrit ce texte avec Erik.

*29 octobre 94*

savoir et jugement signifient échapper au chaos uniforme
l'eau cherche un chemin vers la mer
birger cherche un chemin vers la vie

*31 octobre 94*

on dirait à nouveau que quelqu'un trouve le chaos plus stimulant que le repos
et puis je peux difficilement me concentrer en ce moment
écrire marche plutôt mal
aucune pensée ne veut se développer clairement et distinctement
lors de tels développements je suis à coup sûr un apache sur le sentier de la guerre
mais je veux la paix avec la société des mondains humains

*1er novembre 94*

ras le bol de la caricature que sont les calomnies grossières l'église considère qu'un birger sérieux est un malade mental[1]

1. Le journal paroissial *Le Messager de Wannsee* a publié un poème de Birger sous le titre « Poème d'un jeune malade mental ». Quelques jours plus tard, le pasteur de la paroisse s'excusa personnellement auprès de lui.

*3 novembre 94*
suis reconnaissant envers dankward de défendre ainsi mes droits [1]
j'ai visiblement bousillé une chaise
c'est certainement très mal
et je veux rembourser les dégâts
mais je ne sais pas ce qu'est cette histoire des sept autres chaises
mais contester tout ça prend la tête
ce sera super quand je pourrai aller ailleurs
l'odeur d'église est un air vicié qui empeste
mais sans parfums je ne peux pas vivre

*5 novembre 94*
j'ai peine à croire que les gens se sentent bien ici
tous se montrent vraiment recueillis
je nourris le soupçon que vous êtes plus sereins quand il y a du monde

*6 novembre 94*
je brûle de dire quelque chose à propos d'un poète expressif
un homme rustique je veux parler de borchert [2]
vois en lui un homme qui ne calcule jamais froidement

1. Contre une modique somme mensuelle, Birger peut utiliser pour prendre ses cours une salle dans une église de Wilmersdorf. L'église lui reproche d'avoir cassé huit chaises en l'espace d'un an.
2. Birger fait allusion à l'écrivain Wolfgang Borchert.

*7 novembre 94*
trouve qu'une volonté de fer est la seule chose qui aide
mais il faut dire qu'elle ne suffit pas concrètement
je reçois vraiment de l'aide de la part des professeurs que j'ai en ce moment
les voir constamment affligés m'attriste
*Question* : LE SÉNAT A DÉCIDÉ DE DIMINUER LES REVENUS DES AUXILIAIRES ET DES PROFESSEURS PARTICULIERS. VEUX-TU PAYER LA DIFFÉRENCE AVEC TES DROITS D'AUTEUR ?
c'est pour cette raison que j'écris ça
ils doivent être payés exactement comme avant

*10 novembre 94*
j'aime tant penser à ce voyage [1]
asile de nuit dans un honorable-paysage-allemand
insolite-vue-de-prairies en résonance avec un homme
lourd de blessures dénué d'énergie curactive
inconnus glacés sont la peur constante
arsenaux de forces effaçant qui
en moi le désespoir farouche
enfer solitaire loin de tous les hommes
accessible aux seuls flots feulant briseurs d'eau de digue
des masses d'eau jaillies de fonds bouillonnants me noient
je cherche une source curative

1. Birger parle de son voyage en Bavière.

un asile pour mon âme chaotique maison d'amiante grattée
de l'eau
source vulnéraire
nous rapportera serviable la lumière cendreuse en cascade

*12 novembre 94*
c'est une vraie joie festive grandiose comme un air de violon
un retour du lointain [1]
super la vie ancienne mais nouvelle s'exprime en grand
c'est pour cette raison stridente que j'aime le jour du retour
harmonie dingue et super géniale
après l'harmonie du manque super solitaire

*15 novembre 94*
aimerais dire que je trouve le cours très bon mais peur simplement le rythme de travail constant compromis peur de ne plus rien réaliser mais je sais d'autre part que quelqu'un sans le fouet d'une angoisse archaïque peut maîtriser toutes les matières suis déchiré

1. Annemarie Sellin revient d'un séminaire.

*16 novembre 94*
revenu presque complètement sans chaos de l'incroyable manifestation dans la forêt [1]
et j'ai bien réussi les dislocations chaotiques
je désire tellement être mince
mais ma boulimie augmente constamment
je pourrais simplement tout manger
je ne résiste pas même aux choses que je n'aime pas
toute cette boulimie tourmente un birger
je m'en irrite constamment
veux avoir le super look
d'un marginal convenable et avenant

*20 novembre 94*
aversion envers toi aujourd'hui
car tu emploies toutes les expressions irritantes comme de stupides noms tendres
l'imbécillité crasse du vocabulaire me fait disjoncter
car les mots sont pour moi précieux
alors que pour vous ils sont vachement insignifiants
celui qui comme dankward n'emploie pas à tort de paroles désastreuses mérite vachement l'éloge

*21 novembre 94*
*Question* : POURQUOI AS-TU MANGÉ MES BÂTONS DE COSMÉTIQUE ?
ma bêtise a été vue

1. Birger évoque son cours de gymnastique avec M. Fischbeck.

prouesse d'une âme autiste
je fais ça parce que le très bon sens marque une pause
c'est comme une instance évitant le contrôle
faire comme si c'était normal est pour moi très pénible
état d'urgence judiciaire
comme quelqu'un cherche des erreurs car personne ne sait les interpréter
nous avons simplement tendance à toujours nous cacher
comment quelqu'un s'expliquerait-il quand il agit comme un imbécile élu
*Question* : QUE TROUVES-TU DE PARTICULIER AUX PRODUITS COSMÉTIQUES ?
ça exerce sur moi un charme magique

*22 novembre 94*
aujourd'hui peu envieux pour la première fois je nomme tous les cours oh si précieux sindulièrement beaux
apprendre est pour moi une joie constante
vois là un exutoire au confinement à l'exiguïté autiste
j'oublie alors la colère la douleur et le fait de disjoncter
mais tout devient goethéen à côté quand le travail reprend sur l'invention poétique

*23 novembre 94*
birger ex casse-pieds va s'attaquer d'arrache-pied au programme du bac

*28 novembre 94*
simple envie de repos durable azur
parlerai ensuite de l'entraînement[1] mais pour l'instant repos

*29 novembre 94*
aujourd'hui étude essentielle de l'activité visuelle
changer radicalement de manières de voir est fatigant
vue extérieure par habitude ancienne éventuellement bien plus simple
vois aujourd'hui de manière plus frappante
tous les hommes simplement sans perspective de flou
pour cette raison l'effroi dans le métro
je ressens malheureusement la vision claire comme dureté mais je veux apprendre

*30 novembre 94 (l'après-midi)*
trouve la musique forte terriblement effrayante mais je dois je veux supporter ce que les autres supportent je ne veux pas vivre comme un exclu je veux faire

1. Birger est allé à Berne avec sa mère et il commence là un entraînement auditif auprès d'une thérapeute suisse. L'entraînement n'influa que sur l'activité visuelle de Birger (*cf.* les textes des jours suivants) ; il n'eut sinon aucun effet.

moi aussi partie de la communauté je ne peux pas continuer de vivre comme ça sans expériences importantes je m'insurge contre les assistants omnipotents je veux être omnipotent [1]

*30 novembre 94*

une chose est sûre la thérapie rend birger le confus encore plus confus
mais je trouve que je vois constamment avec plus d'acuité et ce d'une manière effrayante
effroi aussi pour cette raison
fourvoiements dingues quand nous sommes partis
je cherche d'anciens repères et ne les trouve pas
et je découvre aussi chez les humains des traits difficilement supportables
peur élu
insupportable apparence comme la douleur mais aussi hélas incroyable expression d'exclusion

*1er décembre 94*

encore une crise [2]
à coup sûr multiplication par six cents d'une sacrée tuile par le biais de l'entraînement
c'est une expression de l'idiotie née de la peur
il y aurait des déclencheurs foutaise

1. Écrit chez la thérapeute.
2. Birger commente un accès de hurlements.

mais le calme comme réaction me voit m'apaiser plus vite
s'angoisser constamment ne va pas
c'est ce qui fait que la peur éclate
comme si une crise avait pour exutoire la surpression

*3 décembre 94*
*Question* : COMMENT VOYAIS-TU AVANT ?
les yeux voyaient tout sans force expressive
c'est excellent de voir
mais l'inquiétude est trop grande

*4 décembre 94*
ton discours tout prêt ferme et constant a pour réponse la colère conformément à l'expérience
nous nous livrons tous deux à ces réponses apparentes
c'est-à-dire que tu deviens plus calme presque apathique et moi de plus en plus déchaîné
mais que tu disjonctes et mollisses travaille aussi contre moi
nc m'aident que la bonté constante
mais il ne se trouve personne au monde qui en ait la maîtrise
c'est pourquoi je dois apprendre moi-même à être bon avec moi
mais cela va demander de l'indulgence du temps et de la constance

*5 décembre 94*
chaque crise dit une chose différente
je vais apprendre mordicus à interpréter ce reflet de l'univers chaotique interne
aujourd'hui le langage crié s'est déclenché
parce que quelqu'un ne s'y retrouvait plus
ma perception visuelle était hyper déficiente
tout était changé
les choses les êtres les points de repère importants
tout était étrangement étendu et déformé
mais plus tard dans la soirée tout s'était déchaotisé
la vue en soi s'est transformée
tout s'est approché avec plus d'acuité
comme si les choses venaient vers moi

*6 décembre 94*
aujourd'hui le chaos n'a pas eu lieu
si ça va c'est juste parce que les exhortations constantes ont opéré
*Question* : COMMENT VONT TES YEUX AUJOURD'HUI ?
les yeux disent lugubrement la contrariété
c'est pour cette raison que je ne dis rien

*7 décembre 94*
aujourd'hui j'ai disjoncté comme un aurochs scandinave en mal de nom
ne peux me souvenir d'aucun nom
rien que des hommes sans nom

je pense que les noms désignent des foules bigarrées d'êtres vivants
mais je nomme les hommes à tout bout de champ comme il me chante
plein de l'honneur du nom nouveau
mais je vis par expérience avec des monuments classés

*8 décembre 94*
je me fais toutes sortes d'idées sur l'entraînement
mais elles ne sont pas encore au point

*10 décembre 94*
c'était merveilleux à berne
mais encore une fois ça n'a rien donné
tout est vain
dire que mes yeux vont mieux c'est absurde
c'est comme avant
je voyais tout différemment mais pas mieux
je ne remarque rien
aucune amélioration malheureusement
des personnes comme madame n.[1] vivent grâce à nous
mais nous ne vivons pas grâce à elles

1. Birger parle de la thérapeute de Berne.

*12 décembre 94*

peux quand même le supporter bien mieux
si je peux recommencer à apprendre sans peur
apprendre-à-connaître-les-noms je pense que ce travail quelqu'un doit le faire à côté
mais je vois autrement grâce à l'entraînement
j'ignore cependant si je vois mieux
mais j'aimerais aussi tellement parler
et puis je nourris sans cesse des désirs
celui d'être comme les autres pensants sûrs-des-noms par exemple

*13 décembre 94*

personne ne s'est nommé clairement
mais le marginal reconnu
pour des raisons de recherche ils ont certainement été beaucoup la preuve
cherche un appui
cherche la sécurité
cherche la joie de vivre qui s'éclate
mais toutes les choses tournent mal de par les surpuissances de la mort
les marginaux aussi
chaotiers de par chercheurs de calibres autistes

*14 décembre 94*

l'examen de l'orbite oculaire me fait une peur tenace
en d'autres termes tout marche autrement
comme si les yeux étaient incroyablement instables

tout se transforme constamment
hier ça allait très mal mais aujourd'hui aussi
mais en ce moment tout marche comme d'habitude
pas mieux cependant
il faut donc tenir
pour des raisons extraordinaires quelqu'un veut redire
le miracle qu'il espérait
il voulait se débarrasser de cette vue moche
une vue troublant ces choses qui sont essentielles
et dévoile ce qui reste caché aux autres
de loin je vois l'essentiel
mais de près tout se brouille un max
les cris néandertaliens agissent eux aussi sur le travail des yeux

*15 décembre 94*
on ne vainc
que quand absolument tout naît à la vie de par ses possibilités conquises de haute lutte
quand on se concentre sur la victoire donc
quelqu'un comme moi veut tout mettre en œuvre à son tour

*16 décembre 94*
je n'avalerai plus jamais le contenu d'une boîte de conserve entamée
*Question* : QUAND AS-TU FAIT ÇA ?
en chemin mais c'était un emballage en plastique à moitié vide

*Question* : POURQUOI CRIES-TU EN CE MOMENT ?
parce que j'ai honte de me conduire comme ça
mais cela se produit parce que quelqu'un s'apprête à déduire de caricatures les inspirations les plus échevelées
veux être calme mais trop de folie
je suis envieux de tous les gens normaux qui exercent un contrôle sur tout
*Question* : TU DOIS SUBSTITUER D'AUTRES ACTES AUX CRIS ET AUX GESTES D'AUTO-AGRESSION. VEUX-TU TRAVAILLER DANS CE SENS ?
foutaise quelqu'un veut continuer de hurler
suis vraiment d'accord veux recommencer à collaborer pour y arriver

*19 décembre 94*
quelqu'un veut dire
j'arrêterai un jour tous ces cris
quelqu'un exprimera le tout-puissant malaise de manière correcte
l'agréable aussi s'exprimera par le biais de la raison du discernement croissant
comme les autres êtres expriment tout
veux émerger des profondeurs de résistances grouillantes
veux être libre

*20 décembre 94*
mais quelqu'un a trouvé excellent que dankward
puisse sans peur se donner de nouveau du bon temps
quand le sauvage birger redeviendra pacifique
un pauvre jonas s'amusera lui aussi comme les autres enfants
une anne pourra souffler à son tour
mais quelqu'un que la super folie et les crises ont avili intérieurement
devra rendre l'âme

*21 décembre 94*
mon vœu
toutes les fadaises imaginables noël pour une fois comme des cierges magiques
*Question* : POURQUOI AS-TU CRIÉ CE MATIN ?
c'était un cauchemar apparemment
mais qui a dégénéré en peur comme souvent
mais plus tard tout est devenu confus
entendre voir
après ça c'est à peine si je comprends les paroles et je me trouve alors exécrable

*22 décembre 94*
naturellement tu exerces à nouveau une pression sur un birger
mais je n'y arrive pas autrement ce qui est fâcheux
mais je veux y arriver
car la vie est devenue un enfer pour moi aussi

mais tout devient si difficile tant j'ai peur de crier
tout est si pénible car il n'y a pas encore de substitut
mais parfois joie dingue
quand quelqu'un parvient à s'en tirer sans crier
j'apprendrai à coup sûr
mais prends patience
avec ta joie tes éloges et tes encouragements je tresse
une couronne autour de mon cœur défait

*23 décembre 94*
j'aimerais étrangement vous remettre quelque chose
de formidable comme cadeau de noël
ce qui serait chouette ce serait une super birger-story
à la gomme
décorticage radical de sa position solitaire
quelqu'un aimerait vous offrir quelque chose d'infantile
un poème sur d'étranges créatures comme les trolls
et autres lutins
accomplissant des faits sauvages et déréglés sans
obscurs fous-oh-malheur
mais j'en dirai plus après noël
je désire
un noël sûr guérissant l'âme seule
désire la paix pour tous
et le miracle dans des proportions équilibrées
je désire aussi le tempérament méridional
un rire dingue
et la fête cordiale

*25 décembre 94*
des roses fleuriront quand quelqu'un s'échappera du
chaos visuel de l'autisme
quelqu'un doit faire des efforts considérables
quelqu'un voit tout confusément
voit également la forme la configuration matérielle de
tous les objets présents se faire la malle
les choses s'étirent
puis deviennent vachement minuscules
je ne le supporte plus
foutaise de dire que quelqu'un va guérir
quelqu'un devient fou
quelqu'un ne le supporte plus
je mords la poussière encore une fois
veux sortir
mais ça s'aggrave
je perds toutes les connaissances réelles
j'erre comme un ver de terre sans la moindre lueur
quelqu'un qui est sourd et aveugle
quelqu'un qui est insensible
quelqu'un qui est privé de chances de survie
quelqu'un du royaume des morts
du désert
mais comment quelqu'un vivrait-il
comment serait-il sauvé
sans gaieté sans miracle je ne guérirai pas
sans amour je vais mourir
mais qu'adviendra-t-il des nombreux autistes
que j'aimerais revoir
guéris
ainsi que moi-même

je m'empresse d'écrire à leur adresse
et je continue pour eux

*27 décembre 94*
je ne peux pas m'adapter complètement aux normes normales
c'est trop fou

*29 décembre 94*
mabel gente dame [1]
visage livide
gémissante peur
va expirer malicieusement sa vie agaçante

*30 décembre 94*
la douleur dans l'âme
émerger de nuits d'affliction
des oasis du chaos
revivre conformément à l'espèce
car la souffrance insipide peur a une fin

1. « Mabel » est une invention de Birger.

Birger a écrit ce poème en guise de conclusion :

je trouverai pour le solitaire une voie nouvelle et libératrice

je vois des fous exulter aux côtés des gens normaux
des muets se joindront également au chœur
quand viendra le jour
où la séparation sera abolie
où des mondes un jour dépasseront le sadisme
l'irrésolution la peur et l'arbitraire
où l'on respectera l'autre
où l'on comprendra l'autre
où tous entendront le nous-être
de par la compréhension
de par la possibilité d'cxpression amie de la vie
le désir sera comblé
et la sagesse recherchée

telle est la folie d'un fou
le rêve d'un solitaire
l'expression d'un obscur
optimisme candide
mais non mortel

# Postface

« Celui qui lit les réflexions de Sellin, écrit le critique littéraire du *Frankfurter Allgemeine Zeitung* après la lecture du premier livre de Birger, pressent qu'ici quelqu'un vit ce dont les poètes n'ont cessé de parler. » Le *Wochenpost* commentait : « Quelqu'un montre ici dans la douleur ce qu'écrire veut dire. » « La poésie allemande contemporaine ne connaît pas d'équivalent », constate laconiquement le *Spiegel*. « Il serait erroné d'évaluer [les textes] en fonction des seules catégories esthétiques », concède le *Süddeutsche Zeitung*. Le *Mitteldeutsche Zeitung* parle « de textes à la langue fascinante et au contenu inouï ». Ces « concentrés sémantiques » possèdent « une authenticité à laquelle peu d'écrivains peuvent se mesurer », atteste le *Deutsche Allgemeine Sonntagsblatt*, et le *Tagesspiegel* berlinois de répandre l'idée que « Birger Sellin fait partie de ces écrivains dont notre société a besoin ».

Ces brèves citations extraites de la presse allemande définissent le cadre où s'est déroulée la discussion touchant la valeur esthétique du premier livre de Birger. Ses textes sont si intimement liés à sa vie qu'il est presque impossible de les considérer isolément. Cela rend difficile leur évaluation. Écrire dans de grandes souffrances ne garantit pas la qualité d'une œuvre.

Ce que Birger nous donne à lire défie tout critère d'appréciation. Est-ce de la littérature ? La seule existence de ces textes est en soi étonnante, mais ont-ils une grande valeur esthétique ? Ou bien ne sont-ils que de la « prose de handicapé » qu'on n'ose juger de manière critique ?

Il est vain d'en débattre. Je pense que Birger s'en moque. Ses textes sont une bouteille à la mer, bouteille qui vient d'un autre monde. Ce sont des messages, des signaux, des appels au secours. Birger est-il un écrivain ? Une chose est certaine, c'est par l'écriture que ce garçon, qui s'est soustrait à notre monde à l'âge de deux ans, l'a pour ainsi dire foulé à nouveau. Auparavant, il n'était qu'un fou. L'image de l'auteur qui réussit soudain un coup de maître s'impose ici avec une force inédite. Un fou qui jouait hier encore avec des billes et qu'on tenait enfermé toute la journée avec d'autres exclus devient, quasiment en une nuit, l'auteur d'un best-seller dont le *Spiegel* a donné en primeur huit pages et, qu'on a commenté et salué avec enthousiasme dans tous les médias ; livre qui est désormais traduit en sept langues. On est allé jusqu'à tourner un film sur Birger et plusieurs théâtres de Berlin ont organisé des lectures de ses textes, quelle ascension ! Un individu normal en mourrait de joie. Birger, lui, ne boude pas son plaisir mais l'autisme est là, « sale teigne symbiotique », qui ne le lâche pas et qui, chaque jour, sans répit lui gâte sa joie. Il est beaucoup plus important dans ces conditions de traverser la journée sans crise de hurlements que d'être célébré dans les médias. Qu'est-ce que huit pages dans le *Spiegel* face à l'acte héroïque de se promener seul sans parents ni auxiliaire attitré ?

Birger écrit ses textes le soir le plus souvent, quand les événements et les pensées du jour s'écoulent comme d'un sablier, se bousculant pour s'exprimer. Comment décider quel grain, quelle pensée doit passer et quel autre rester dans la masse du non-dit ? Ce reliquat qui croît constamment se dépose alors dans la mémoire ou s'écoule dans l'éternel silence, car le jour suivant apporte de nouvelles impressions et de nouvelles pensées recouvrant les anciennes qui sont non exprimées. Les choses vont ainsi leur train, jour après jour, depuis des années, que faire alors de toutes les réserves des années antérieures, des années silencieuses ? Nous pouvons dire ou noter chaque jour des milliers de phrases, Birger, lui, un petit quantum seulement qu'il tape tous les soirs sur l'ordinateur. Il doit nous considérer comme de fieffés bavards ou nous envier démesurément car nous sommes en mesure de dilapider ce précieux bien qu'est la langue, tandis qu'il doit se donner un mal de chien pour chaque mot et être économe par-dessus le marché.

Dans les textes de 1993 et de 1994 rassemblés ici, Birger a néanmoins raconté l'essentiel de sa vie. Je ne voudrais ajouter que quelques compléments. Je décrirai le conflit concernant l'authenticité des textes de Birger, conflit que le *Spiegel* déclencha par des allégations à peine voilées. Puis j'analyserai la méthode d'écriture de Birger grâce à laquelle un nombre non négligeable d'autistes se sont mis à communiquer dans l'intervalle et j'évoquerai à ce propos les réticences de certains spécialistes. Je conterai brièvement pour finir ce qu'il est advenu de Birger, dans la mesure où il ne l'a pas déjà dit lui-même dans ses textes.

Une fois que le tapage médiatique eut commencé autour de Birger, quelques journaux jugèrent que la souffrance d'un être humain était commercialisée. Comme si les lois du marché ne s'appliquaient pas aux autistes et que la prose autiste dût être distribuée gratuitement. C'est ainsi qu'un journaliste, travaillant sans doute sans rétribution dans un quotidien du sud-ouest de l'Allemagne émet ce soupçon : « Subsiste en filigrane l'impression que quelqu'un se vend ici — avec sa maladie. » Parmi les regrettables effets secondaires de ce « coup médiatique », notons que Birger jouit à présent d'une certaine renommée et que nombre de personnes le soutiennent qui sinon ne le connaîtraient pas, qu'il a pu s'offrir, depuis, des thérapies coûteuses, des voyages, des ouvrages de littérature et un ordinateur personnel, qu'il paie des impôts comme toute personne gagnant normalement sa vie et qu'il a le sentiment bénéfique de ne pas vivre aux dépens d'autrui.

Mais je puis assurer tous les beaux esprits prompts

à se perdre en conjectures que Birger, à ce jour, n'a pas encore écrit une ligne avec l'arrière-pensée du gain. Il a vraiment d'autres problèmes.

### *« Poésie ou mensonge ? »*

Le 31 janvier 1994, le *Spiegel*, ce même journal qui, six mois auparavant, avait donné la primeur du livre de Birger, annonçait que « les doutes quant à la nature de l'étrange poésie de Birger Sellin, sujet à des troubles du langage et de la perception [...], allaient croissant ». Cette information était d'autant plus fallacieuse que ces doutes n'allaient pas « croissant », ils étaient formulés publiquement pour la première fois. En dehors de la rédaction du *Spiegel*, rares étaient les esprits qui, à cette époque, doutaient de l'authenticité de cette « étrange poésie ». En fait, le magazine ne put faire appel à personne, à l'exception d'un témoin douteux, pour soutenir cette thèse. Le *Spiegel*, néanmoins, noircit le tableau : « Est-ce vraiment Birger qui écrit ici sur sa vie ? Car les lettres ne s'ordonnent en phrases intelligibles que lorsque Annemarie, la mère, assiste son fils. Elle tient son bras au-dessus du clavier, conduit sa main à l'index pointé ; ce qui en résulte est qualifié, par des esprits bien intentionnés, de "communication assistée". » « Il est probable, dit le journal à la fin de l'article, citant son unique témoin (une éducatrice qui n'a plus revu Birger depuis 1990), que la "mère ambitieuse" soit “sciemment ou inconsciemment” l’auteur des textes. »

Comme on manquait de preuves et que personne en réalité ne se demandait si la paternité des textes revenait à Birger ou à Annemarie Sellin, le *Spiegel* est allé chercher des indices sur d’autres continents. En Australie, où la méthode fut initialement expérimentée et aux États-Unis où, dès la fin des années quatre-vingt, de violentes controverses devaient s’élever quant à l’utilisation de la communication assistée. Par le biais de ce qu’on nomme les « expérimentations en double aveugle » (sur lesquelles je reviendrai) des sceptiques de la communication assistée crurent avoir démontré que la communication symbiotique n’était que tour de passe-passe et charlatanerie. Trente-cinq de ces expérimentations en Europe et aux États-Unis, écrivait le *Spiegel*, avaient démontré que « moins de cinq pour cent des enfants handicapés étaient en mesure de communiquer de manière autonome avec leur entourage ». On pouvait penser que cinq pour cent, c’était « mieux que rien », mais le *Spiegel*, soucieux de semer le doute, jugea, sans aller vérifier que Birger n’en faisait pas partie.

Je préciserai, pour prévenir tout malentendu, que le scepticisme à l’encontre de la communication assistée et, pourquoi pas, de l’authenticité des textes de Birger est parfaitement recevable ; nous vivons dans un pays libre et chacun peut douter de ce qu’il veut. Mais celui qui fait état de son scepticisme devrait connaître son sujet. La recherche bâclée du magazine hambourgeois d’ordinaire plutôt sérieux (on dissimula par exemple que Birger n'écrit pas seulement avec sa mère mais avec d'autres personnes) eut des effets pervers dont Birger pâtit.

L'article du *Spiegel* parut en effet trois jours avant que l'ARD[1] ne diffusât le film dc Felix Kuballa sur Birger. Stefan Aust, le rédacteur de la rubrique télévision du *Spiegel*, voulait opposer au film de la première chaîne, annoncé dans de nombreux journaux, un exposé sur le même thème mais en des termes radicalement contraires, il n'aurait pas dépassé sinon une resucée du film de Kuballa. Le supplément télé du Spiegel *(Télé-Spiegel)* acheta aux États-Unis un film donnant l'impression que la méthode était un leurre irresponsable, compromettant des personnes handicapées. Conformément à cette logique, les écrits de Birger se devaient naturellement d'être eux aussi des falsifications. Un examen nuancé du phénomène de la communication assistée n'eut donc pas lieu.

Pour que le *Télé-Spiegel* ne soit pas seul à défendre ses allégations flambant neuves, le vaisseau du *Spiegel* vogua à la rescousse. Dans le supplément télé du magazine hambourgcois, on passa tout à coup sous silence le fait que l'ARD avait diffusé un film sur Birger Sellin, cet autiste que le journal, cinq mois auparavant, avait célébré comme un grand auteur. À la place, l'annonce du reportage du *Télé-Spiegel* faisait référence à un article du *Spiegel* : « Des

1. *Allgemeiner deutscher Rundfunk* : l'une des principales chaînes de télévision allemande. *(N.d.T.)*

recherches américaines établissent que les messages d'autistes ne sont pas authentiques. » Une correspondante libre du *Spiegel* eut juste deux jours pour concocter cet article contre Birger. Toute l'affaire prit alors une tournure analogue. La manière dont le soupçon de tromperie fut rendu public relève simplement du « journalisme de bas étage » (Kuballa).

À la rédaction du *Spiegel* et de son émanation, le *Télé-Spiegel*, personne visiblement ne s'inquiétait à cette époque (ce fut le cas plus tard) du préjudice qu'on causait à Birger. Tandis que son unique possibilité de communication était mise en doute, Birger se voyait menacé de la déchéance de son statut d'auteur avec toutes les conséquences que cela supposait. Il fut de nouveau rangé parmi les débiles mentaux alors qu'il venait juste d'échapper à cette catégorie et avait commencé des études. L'aspect diabolique de l'opprobre ainsi jeté réside en ce fait qu'on déniait précisément à Birger la maîtrise de sa langue, seul moyen par lequel il eût pu se défendre. Et tout cela sans la moindre preuve ; bien plus, Birger devait à présent apporter la preuve qu'il était effectivement l'auteur des textes parus sous son nom. Autrefois nous avions la torture, fit un jour observer Oscar Wilde avec pertinence, et aujourd'hui nous avons la presse.

Le cinéaste Kuballa réagit aussitôt par un démenti. Dans une déclaration diffusée par la DPA [1] et dans

1. *Deutsche presseagentur* : Grande agence de presse allemande. *(N.d.T.)*

de nombreuses interviews télévisées, il déclara qu'il n'avait pu constater au cours de ses quatre semaines de tournage qu'Annemarie Sellin avait orienté la main de Birger lors de ses séances d'écriture. Durant cette période, Birger n'avait pas seulement écrit avec sa mère, disait-il, mais il avait été assisté par des pédagogues, des éducateurs et des psychologues. « Ce soutien, disait Kuballa, se limite simplement à une aide physique, c'est-à-dire à un léger soulèvement de l'avant-bras de Birger nécessaire pour lui faciliter le geste d'écrire. »

Le 1er février, un mardi, *Télé-Spiegel* diffusa le reportage américain tandis que la présentatrice, au début de l'émission, établissait clairement le lien avec Birger. L'émission portait le titre remarquable de « Poésie ou mensonge ? ».

Deux jours plus tard, le 3 février, les téléspectateurs allemands furent en mesure, grâce au film de Kuballa, de se forger une opinion propre sur la genèse des textes de Birger. Des amis et des connaissances de Birger écrivirent des lettres de protestation au *Spiegel* et d'autres journaux prirent le parti de l'écrivain soupçonné. « Qu'il y ait eu des abus, commentait sagement le *Zeit*, ne signifie aucunement que tout texte imputé à un autiste soit nécessairement une falsification. Le *Spiegel* bafoue sans vergogne le b.a.-ba des règles de bonne conduite qui incluent la présomption d'innocence. L'affirmation selon laquelle le cas concret de Birger Sellin recèle une tromperie n'est pas étayée par le moindre indice. » Et le *Taz*[1] d'ironiser : « Une fois qu'on eut fait l'inévitable découverte que toute “figure-sans-moi” ne fait pas nécessairement un poète, des “mondains humains” surgirent de l'“obscurité” des médias pour formuler d'étranges doutes quant à l'authenticité des textes de Birger Sellin. Car la connaissance, au fond banale, selon laquelle la plupart des esprits n'ont pas un intellect hautement développé paraît certes valoir pour les gens normaux mais pas pour les autistes. »

Lorsque au *Spiegel* on comprit le mal qu'on avait fait — accordons cela à la rédaction —, on réagit par la proposition de dépêcher deux reporters à Berlin pour observer Birger en train d'écrire. Dans l'édition du 14 février, le reporter du *Spiegel*, Jürgen Neffe, révisa les reproches de falsification après avoir observé sur place Birger en train d'écrire et de parler avec des personnes de son entourage : « Le cas de Birger Sellin demanderait, pour une falsification subtilement menée, un complot de faussaires des plus diversifiés : Birger depuis longtemps n'“écrit” pas seulement quand sa mère l'assiste. Il arrive souvent à son père, Dankward, de le seconder. Plus de dix personnes bénéficient suffisamment de la confiance de Birger pour qu'il les accepte comme assistants. » Neffe poursuivait : « Une observation attentive fait apparaître que Birger est bien l'acteur de la frappe : Le doigt de la main droite tendu, il tourne au-dessus du clavier, l'impulsion déclenchant le geste prend régulièrement naissance dans son épaule. Pendant de

1. *Tageszeitung* : journal de Berlin comparable à *Libération. (N.d.T.)*

courts instants, son coude flotte même au-dessus de la paume tutélaire de sa mère. » Une brève interview a même pu avoir lieu entre le *Spiegel* et Birger (lire pages 147 et suiv. du présent livre).

Pour l'autiste alors âgé de vingt et un ans, ce « test » du reporter fut une torture suprême. Il faut connaître l'extrême sensibilité des handicapés autistes pour mesurer ce que signifiait pour lui cette situation ; on ne le répétera jamais assez, une question existentielle se posait en dernière analyse au jeune homme, celle de savoir si la seule possibilité de communiquer qui lui était donnée ne serait pas qualifiée de mensongère aux yeux de l'opinion. Le jour précédant cette visite, Sellin se plaignit en effet en ces termes :

« [...] un monde
qui a besoin de cercueils publicitaires
et de cadavres de substitution
mais je veux être un oh-tiste publicitaire
très dur à supporter
je fais tout ça pour mes amis
auxquels on va désormais ôter un bien précieux
une possibilité de souffle
promesse de joie
exutoire au mutisme [...] »

Birger avait donc convaincu les deux reporters du *Spiegel*, mais le magazine *Psychologie actuelle* enfonça le clou dans son numéro de mai comme s'il ne s'était rien passé. Faisant abstraction du film de Kuballa et de la rétractation du *Spiegel* et adoptant le ton dogmatique propre à certains représentants des sciences naturelles classiques quand ils se heurtent aux limites de leurs schémas explicatifs, l'auteur chapitra les utilisateurs de la communication assistée, les médias et Birger Sellin.

Sous le titre « Qui est-ce qui écrit ? Tapage médiatique irresponsable autour d'une méthode depuis longtemps controversée », Colin Goldner, un collaborateur de *Psychologie actuelle*, déclarait : « Bien que de nombreux tests contrôlés aient montré que les prétentions de la communication assistée n'étaient pas fondées, on s'y accroche avec ardeur. Bien qu'il soit tout à fait notoire que les moniteurs eux-mêmes sont responsables des prétendus messages des enfants autistes. » Et pour montrer clairement la hauteur du débat où devait s'engager Birger, l'homme poursuivait : « Quel bouleversement psychique pour les moniteurs et les parents quand un enfant après des années, voire des décennies, de silence et de complet repliement écrit soudain la phrase : “mom i love you” » — comme s'il existait un quelconque parallèle entre la prose difficile de Birger et ces énoncés simplistes. Et le collaborateur de *Psychologie actuelle* de conclure, eu égard aux motivations aussi viles qu'illusoires des détracteurs de la communication assistée : « Est réalité ce qui ne peut être illusion. » Ou l'inverse.

Ces imputations présentaient deux aspects typiques : il s'agissait, premièrement, d'un « diagnostic à distance » — tous les soupçons de falsification étaient le fait de personnes qui n'avaient jamais regardé

Birger écrire, et, deuxièmement, on avait de nouveau dissimulé que Birger n'écrivait pas seulement avec sa mère mais avec une bonne douzaine d'autres « assistants ». N'empêche, ce génial tour de magie collectif que serait un complot reposant sur la falsification liée au nom de Birger Sellin constituerait un miracle autrement plus considérable que le phénomène de l'invention sellinienne d'un langage. Plus d'une douzaine de personnes auxiliaires, parents, thérapeutes, assistants, professeurs, médecins, des gens qui, pour une bonne part, ne se connaissent même pas, auraient dû depuis environ quatre ans produire, dans une quantité relativement constante, des textes propres à déjouer les augures vigilants du *Spiegel*, berner une équipe de cameramen de la WDR [1] (durant quatre longues semaines), mystifier, conformément aux règles de l'art, une maison d'édition renommée, téléspectateurs et une multitude de lecteurs tout en astreignant quotidiennement à l'ordinateur, afin que tout paraisse plus authentique, le pauvre Birger Sellin, individu bien sûr complètement débile. Il est intéressant de constater que des « experts » peuvent tenir ces absurdités pour plus vraisemblables qu'un phénomène qui ne rentre pas dans leurs grilles théoriques. « Seul celui qui n'a pas vraiment lu les textes de Birger Sellin peut douter de leur authenticité », commenta un peu plus tard le magazine suisse anthroposophe *Le Goetheanum*. Je ne peux que confirmer

1. *Westdeutscher Rundfunk* : autre chaîne de télévision allemande. *(N.d.T.)*

cette évidence mais je fais sans doute partie du complot. Toujours est-il que *Psychologie actuelle* m'a fait l'amitié de publier l'une de mes ripostes. Birger lui-même n'aurait pas eu le droit de répondre pour les raisons évoquées plus haut. Quoi qu'il en soit, Birger fut, durant plusieurs semaines, si désespéré qu'il ne voulait plus voir de journalistes ni même publier de livres ; conséquence — Dieu merci, surmontée depuis — des imputations formulées à son encontre.

Contrairement à une autre opinion d'expert selon laquelle l'autisme s'accompagne d'un « vide émotionnel », Birger est en empathie avec ses frères de douleur autistes et il s'est même désigné un jour comme leur porte-parole. Comme il fait référence dans ses textes à d'autres autistes qui communiquent par le biais de la communication assistée, j'aimerais revenir sur cette méthode d'écriture controversée.

## *Qu'est-ce que la « communication assistée » ?*

Celui qui ne peut se faire comprendre oralement montre du doigt ce qu'il veut — chacun, à l'étranger, a déjà agi selon ce principe. S'exprimer en désignant quelque chose relève des formes primitives de la communication humaine non verbale. Les petits enfants sont les premiers à manifester leur volonté par ces gestes. Mais que faire quand on ne peut ni parler ni montrer ?

Il est des handicapés physiques qui passent pour

des handicapés mentaux parce qu'ils ne peuvent aucunement se faire comprendre verbalement et qu'ils n'y parviennent que de manière très limitée par des gestes. Bien qu'ils soient doués d'intelligence, ils se voient empêchés, par des troubles affectant le système complexe de la coordination des muscles et du cerveau, de transmettre leurs informations sous une forme conventionnelle. Leur intelligence reste enfouie sous le handicap corporel, leur capacité communicative déficiente est interprétée par l'entourage comme une débilité mentale. On ne peut même pas dire approximativement à combien de handicapés cela s'applique.

La *Facilitated communication* ou « communication assistée » est une méthode qui offre à ces personnes la possibilité d'opérer une prise de contact par le symbole et l'expression écrite. L'inventeur de la communication assistée est la pédagogue australienne Rosemary Crossley ; la méthode doit surtout sa diffusion à Douglas Biklen, professeur de pédagogie des handicapés à l'université de Syracuse (État de New York), et à Annegret Schubert — son assistante — qui fit connaître le procédé en Europe.

En travaillant avec des handicapés, Mme Crossley prit conscience que de nombreuses personnes prétendument handicapées mentales (souffrant du syndrome de Down, d'apraxie ou même d'autisme, par exemple) disposent de capacités cognitives mais sont incapables de s'exprimer sans une aide extérieure. Pour dépasser de tels blocages, il n'est besoin que d'un infime support mécanique : une personne de confiance soutient l'avant-bras ou la main de la personne concernée tandis qu'on donne à celle-ci la possibilité de montrer des images, des objets ou des lettres. Si le procédé « prend », si la personne handicapée est douée d'intelligence, contrairement à ce que l'apparence extérieure laisse supposer, quelque chose a lieu qui pourrait se comparer au passage d'un courant électrique : le contact rend le handicapé apte à communiquer par la désignation ou la pression des touches de l'ordinateur.

Il se peut que Mme Crossley et les imitateurs de Biklen, tout à l'euphorie de la découverte, aient surestimé les possibilités et le champ d'application de la communication assistée. Mais on peut difficilement méconnaître que la méthode fonctionne chez des personnes dont le handicap n'est pas anodin. Si l'on ne met pas en doute ce résultat, une question se pose : que se passe-t-il à proprement parler ?

Dans son ouvrage devenu classique *Le Cerveau en action*, le neurologue russe A. R. Luria constatait que « le mouvement volontaire et plus encore toute manipulation constituent un système fonctionnel complexe qui doit remplir un certain nombre de conditions. Si ces dernières ne sont pas remplies, le mouvement ne peut s'accomplir. » Luria en déduit que « des lésions même relativement légères dans la zone du cortex postcentrale provoquent l'apraxie cinétique caractéristique. Celle-ci inclut les troubles du mouvement spécifique et l'incapacité de mettre une main dans la position que demande une activité manipulative. »

Il est question ici de l'incapacité d'une personne à

gouverner ses propres mouvements non parce qu'elle est handicapée mais parce que la zone corticale concernée est endommagée (Birger suppose d'ailleurs qu'il est affligé d'une lésion cérébrale comme il apparaît p. 166). Il n'est pas encore établi que l'autisme soit dû à des lésions cérébrales mais quelques chercheurs partent de cette hypothèse. Il est en tout cas reconnu que l'autisme — entre autres affections — se manifeste comme un trouble de la perception. Celui qui perçoit de manière « troublée » l'entourage se perçoit peut-être aussi lui-même, c'est-à-dire ses propres activités, sur un mode « troublé ». Il existe certes un grand nombre d'autistes très adroits mais l'image ingrate qu'offrent la plupart des handicapés autistes relève aussi de leur relation — maladroite selon nous — avec leur propre corps. Ce qui peut résulter du fait que les autistes n'ont jamais appris à traiter leur corps comme le font des êtres « normaux » — ou bien qu'il existe chez eux un trouble de nature motrice ou cérébro-organique. Ces deux hypothèses pourraient expliquer pourquoi le contact avec la communication assistée engendre des actes communicatifs ciblés.

À ce stade, on doit prendre conscience du fait que l'autisme n'offre pas l'image d'un handicap clairement défini. Il n'existe pas de frontières précises entre l'autisme et d'autres handicaps (même mentaux), non plus qu'il n'existe de frontières définies entre les causes et les symptômes. L'autisme proprement dit n'existe sans doute aucunement. Ce qui vaut pour un autiste peut s'avérer sans la moindre pertinence pour un autre. C'est pourquoi il est impossible d'énoncer des vérités générales sur l'autisme et la communication assistée. Il semble en tout cas plus facile de formuler une théorie à partir du phénomène que d'exclure *a priori* un phénomène par le biais d'une théorie préconçue.

Le chercheur australien Tony Attwood, spécialiste de l'autisme, compara le soutien corporel lors de l'écriture avec le fait de pousser une voiture dont la batterie est à plat. D'après sa conception, plus d'un autiste, lors de l'exécution d'une action, rencontre les mêmes difficultés que nombre de personnes atteintes de la maladie de Parkinson, qui ne peuvent engager leurs activités qu'après un contact. À cela s'ajoute que chez nombre d'autistes un faible tonus musculaire fait partie du syndrome. Il est possible, de surcroît, que la coordination entre les yeux et les mouvements ne puisse s'établir avec autonomie ou qu'il existe des troubles dans la perception de soi ou encore que les divers symptômes apparaissent ensemble[1]. Lors de débats de spécialistes sur l'autisme, l'éventuelle altération des capacités motrices évoquée ici est restée longtemps hors de cause. Espérons que l'élucidation de ce déficit mettra un terme aux débats sommaires sur la communication assistée.

Quoi qu'il en soit, l'opinion allemande vida, dans

1. Il est par ailleurs des autistes qui s'adonnent à leurs stéréotypies avec un tel oubli de soi et une telle obstination qu'ils n'abandonnent pas ce comportement sans un contact étranger, de sorte qu'ils ne sont guère en mesure d'agir seuls en vue d'un objectif.

le dos de Birger, la même querelle qui, je l'ai précisé, se déchaîne autour de la communication assistée en Australie et aux États-Unis depuis la fin des années quatre-vingt. « Se déchaîne » est à prendre au sens propre dans la mesure où la méthode est visiblement entachée du défaut de se soustraire à toute discussion objective. À moins que le problème ne soit inhérent aux acteurs du débat. Des cas où des enfants autistes prétendaient avoir été abusés sexuellement sont, entre autres, responsables de la dramatisation émotionnelle des débats outre-Atlantique. Quoi qu'il en soit, la communication assistée a divisé le monde des spécialistes — il semble qu'aucun moyen terme ne soit possible entre la préconisation euphorique et le refus catégorique. Pour ceux qui sont concernés, et eux seuls importent, aucun de ces partis n'est d'un quelconque secours.

Le reproche majeur fait à la communication assistée est celui-ci : la personne assistée serait, volontairement ou non, manipulée par la personne qui l'assiste ; on ne peut donc jamais établir clairement laquelle des deux est le véritable scripteur.

Cette symbiose étroite entre celui qui écrit et la personne qui l'assiste fait que la communication assistée a donné prise au doute. Le scepticisme n'est pas déplacé mais il ne devrait pas virer à l'ignorance. Il est certainement des cas où l'assistant « donne un coup de pouce » et quelques parents caressent un peu trop vite l'illusion que leur enfant handicapé est intelligent. Bien que cet aspect puisse paraître oiseux, on doit attirer l'attention sur le fait que la communication assistée ne fonctionne que chez une partie des personnes autistes dont la proportion n'a pas encore été vérifiée. D'autre part, pourquoi ce qui vaut pour les personnes « normales » ne vaudrait pas pour les autistes ? Je veux parler de l'existence de gens doués et de gens moins doués ? Je le répète : l'autisme n'est pas un handicap mental primaire.

Outre l'aspect moteur, le soutien a peut-être aussi une composante psychologique. Les autistes n'acceptent pas n'importe quel partenaire d'écriture ; ils savent très bien faire des distinctions. Sans doute doivent-ils d'abord établir une relation émotionnelle avec la personne qui les assiste afin de se sentir en sécurité. Il n'est pas exclu, bien sûr, que l'action symbiotique influe sur le contenu des textes, et que nombre d'écrits par conséquent soient effectivement un *teamwork* [1] intellectuel. (Mais l'influence ne relève-t-elle pas de toute forme de communication, dont celle précisément qui lie parents et enfants ?) Or l'interaction mentale et intellectuelle aussi complexe de deux personnes ne peut aucunement se réduire à une alternative sommaire. Le fait par exemple que Birger ait réussi à écrire quelques paroles sans aide peut aussi bien relever d'une sécurité motrice acquise que d'une confiance en soi croissante.

Une autre objection à l'encontre de la communication assistée émane des rangs des psychologues du développement qui ne remettent pas en cause le processus d'écriture en tant que tel mais le fait que

1. Travail d'équipe ; en anglais dans le texte. *(N.d.T.)*

des personnes qui furent rangées durant des années parmi les débiles profonds et qui n'ont généralement reçu qu'un enseignement de niveau préscolaire ou pour handicapés disposent tout à coup de capacités intellectuelles. Néanmoins, ce qui est difficilement compréhensible n'est pas nécessairement faux. Il est communément admis que, parmi les handicapés autistes qui communiquent par eux-mêmes et qui donc peuvent parler, apparaissent toujours de remarquables dons particuliers. Le film hollywoodien *Rain Man* où Dustin Hoffman interprète le rôle d'un autiste montrait de manière assez réaliste à l'opinion ce qu'on doit entendre par dons particuliers. Il est difficilement concevable, pour des personnes normales, que quelqu'un connaisse par cœur des lexiques ou des annuaires et, cependant, il existe des cas semblables ou comparables. Pourquoi quelques autistes muets, apparemment débiles, n'auraient-ils pas appris dans leur environnement, marqué par les lettres et les symboles, à lire et à écrire par eux-mêmes ? Qui veut exclure cela ? Tout comme l'égyptologue Jean-François Champollion a décrypté les hiéroglyphes durant quatorze années de ratiocinations, un autiste pourrait aussi, compte tenu de la réserve infinie de temps qui est à la disposition de l'« être-caisson » (Birger Sellin) déchiffrer la langue alphabétique. Birger, en tout cas, a prouvé que c'était possible.

À ce jour, on n'a pas apporté de preuve claire quant à la validité ou à la non-validité de la communication assistée et on n'en apportera pas de manière générale mais seulement dans les cas particuliers. Les expérimentations dites « en double aveugle » apportent-elles une réponse ultime ? Voilà qui devrait être soumis au même scepticisme que celui formulé à l'encontre de la communication assistée. Les sciences naturelles et physiques ont mis en évidence que la forme d'une expérience peut influencer le processus expérimental jusqu'à l'inapplicabilité. « C'est la théorie qui détermine ce que nous pouvons observer », a écrit quelqu'un d'averti, je veux parler d'Einstein.

Lors des expérimentations en double aveugle, on présente au patient et à l'assistant diverses images, chacun ignorant ce que l'autre voit. Ensuite, tous deux doivent écrire ensemble ce qu'ils ont vu. Devrait donc apparaître sur l'écran, théoriquement, la désignation de l'objet qu'on a montré à la personne assistée. Mais dans la pratique, c'est généralement le contraire qui se produit : le couple scripteur nomme l'objet qu'a vu l'assistant.

Selon des critères normaux, le résultat des expérimentations en double aveugle paraissent évidents. Mais la situation n'est pas aussi simple qu'il y paraît ; on a affaire à des autistes, donc à des êtres auxquels nos critères essentiels ne s'appliquent pas. Peut-être est-ce précisément la situation de test patente qui fait échouer le test ? Le retrait autiste par rapport au monde est lié, il est vrai, à l'hypersensibilité, au refus et à la peur, et il apparaît parfaitement compréhensible que des autistes en situation de test se bloquent ou refusent très consciemment (il n'est que de penser au stress causé par un examen chez les êtres

« normaux »). L'expérience a montré que les autistes s'opposent à chaque sollicitation ou presque — et cependant des douzaines d'autistes s'asseyent devant l'ordinateur avec leurs parents ou leurs thérapeutes. Pourquoi font-ils ce qui est contraire à leur mode de fonctionnement ? se demande-t-on. Quoi qu'il en soit, la situation de test interfère avec la coopération complexe entre la personne assistée et celle qui assiste, ce qui pourrait expliquer le trouble communiqué à l'expérience par l'expérimentateur, effet connu au travers de la physique. Cette objection ne permet pas de réfuter purement et simplement les résultats des expérimentations en double aveugle mais elle les relativise peut-être un peu. Il se peut qu'ils soient justes mais ils ne le sont pas nécessairement.

Des preuves ou des indices attestant que la personne assistée écrit effectivement se rencontrent par exemple quand :

— les formulations traitent de choses que l'assistant ne peut savoir mais que des tiers peuvent aisément confirmer (comme cette question : « Qu'as-tu fait hier soir ? ») ;

— le style souvent bizarre et saugrenu ainsi que la manière singulière de traiter le sujet et le vocabulaire restent similaires malgré la diversité des assistants et quand, par conséquent, on vérifie par l'analyse comparative de la langue que de telles formulations, d'une manière générale, peuvent être imputées à celui qui assiste (comme chez Birger entre autres) ;

— quand surgissent des fautes d'orthographe

typiques (*f* au lieu de *v* allemand) et que l'assistant remarque seulement au milieu du mot que le mot aurait dû commencer par une autre lettre.

Un autre malentendu se cache derrière l'opinion selon laquelle la communication assistée serait une thérapie ou une méthode curative. Quand on part de ce jugement erroné, on peut aisément nous opposer l'argument que cette méthode n'a pas encore guéri d'autistes ni même atténué leur handicap. Mais la communication assistée est simplement un moyen permettant d'« améliorer la communication de personnes autistes » (selon Rosemary Crossley). La méthode, si elle devait réussir dans des cas particuliers, ne peut être, au mieux, qu'une étape préliminaire de la guérison. Tout le reste est l'affaire des thérapeutes, des médecins et de la proche parentèle.

Un mot pour conclure, sur le reproche le plus absurde formulé à l'encontre des utilisateurs de la « super méthode d'écriture qui marche et rassure » (Birger Sellin). Les adversaires de la communication assistée ne cessent d'attirer l'attention sur les faux espoirs qui peuvent être suscités par la propagation de la méthode et qui entraînent inévitablement de cruelles déceptions quand elle ne fonctionne pas. Le fait que ces bien pensants ne tirent pas la conclusion inverse trahit le dogmatisme de leurs esprits simplistes. Certains zélateurs de la règle pure ne pensent jamais aux malheureux emmurés dans leur caisson autistique qui disposent effectivement d'intelligence et d'aptitudes à coordonner. Ces êtres doivent-ils se taire à jamais parce qu'une voie praticable permettant d'ouvrir leur carapace s'avère « battue en brèche » ? Doit-on, pour établir un parallèle, cesser de propager des thérapies anticancéreuses parce que la plupart des patients meurent quand même ?

## *Ce qui s'est passé depuis la parution d'*Une âme prisonnière

Birger n'est pas guéri de l'autisme et il faut dire qu'on n'escomptait pas ce résultat en l'espace de deux ans. Une question d'ailleurs continue de se poser : une guérison générale est-elle seulement possible ? À ce jour, les expériences ont montré que l'autisme ne s'élimine que partiellement. Mais Birger a entrepris un travail qui initie pour ainsi dire de longues années d'études et de voyages, évolution qui s'apparente à une élimination des conduites autistiques. L'épigraphe de son premier livre — « je ne veux plus être un en-moi » — est devenue caduque. Le nouveau but de Birger est d'acquérir l'autonomie.

Cette évolution n'a été possible que parce que Birger a pu s'ouvrir psychiquement et socialement à l'aide de la communication assistée et contourner ainsi le handicap majeur qu'est son infirmité. L'aptitude à la communication ainsi acquise lui a valu d'être socialement reconnu, ce qui l'a aidé à structurer sa connaissance de soi et à se fixer des objectifs. Auparavant, il s'est trouvé des années durant dans une effroyable situation puisqu'il se voyait traité de fou en dépit de son intelligence marquée sans pouvoir réagir d'une quelconque manière. Qu'il ne soit pas réellement devenu fou tient du miracle.

Birger, dans l'intervalle, est donc en interaction verbale constante avec son proche entourage ; il peut s'exprimer, formuler des désirs et prendre des décisions. Malgré les dévastations que l'autisme a laissées dans sa perception de la réalité et dans son comportement, Birger ne lui est plus livré sans défense. Non seulement il peut penser clairement et analyser sa situation, mais il dispose de surcroît d'un potentiel de détermination et de ténacité qui force l'estime. « Birger affronte son handicap avec une admirable énergie, dit sa thérapeute Margard Breinlinger. Il ne se laisse pas intimider par des échecs. » Les nombreuses réactions positives provoquées par son livre n'ont pas manqué de stimuler Birger et de raffermir considérablement la conscience qu'il a de sa valeur. Lorsque le *Spiegel* répandit la rumeur mensongère selon laquelle Birger n'écrivait pas lui-même, il entassa le « courrier de ses fans » autour de lui comme un rempart.

Le développement de Birger se déroule sur deux plans, le plan intellectuel et cognitif, et le plan que je nommerai, faute de mieux, technique et comportemental. Le premier le conduit à apaiser sa soif de savoir et de culture, le second à chercher à prendre conscience de rapports et à acquérir la maîtrise de son comportement. Les deux niveaux se rencontrent en ce point qu'il s'est donné comme objectif : l'autonomie. Ce qui signifie pour lui apprendre à comprendre les mécanismes de la société et pouvoir se mouvoir dans ce cadre sans aide extérieure. Car l'autisme ne signifie-t-il pas, ainsi que Birger l'a un jour formulé lui-même, « césure avec des expériences de première importance », par conséquent une sorte de syndrome de Kasper Hauser ? Birger doit pour ainsi dire se socialiser lui-même après coup, dans le cadre de son handicap, d'une part, et, d'autre part, en travaillant à l'éclatement de ce cadre. Les autistes peuvent atteindre un degré élevé d'adaptation ; en témoignent les exemples comme celui de l'Australienne Donna Williams ou de l'Américaine Temple Grandin. Toutes deux réussirent à se libérer de l'encerclement autistique et mènent aujourd'hui une vie certes limitée mais relativement indépendante. Dans ce contexte, Birger serait le premier autiste muet à suivre cette voie.

Deux tentatives visant à intégrer Birger dans des groupes non autistes échouèrent dans un premier temps. Durant l'été 1993, il dut quitter, en raison de son âge, le centre pour jeunes autistes où l'on s'occupait de lui pendant la journée. La première solution temporaire fut un foyer de jeunes travailleurs. Les foyers pour jeunes travailleurs sont des ateliers pour handicapés (dont les retardés scolaires) formés là, sous la tutelle de moniteurs, à la vie professionnelle. Ce n'est pas un endroit idéal pour un écrivain, ni pour un autiste hypernerveux. Birger devait d'abord faire une période d'essai de quinze jours ; trois jours suffirent pour convaincre toutes les personnes concernées que ce n'était pas l'endroit qui lui convenait. Par ses manières chaotiques, Birger bouscula l'équilibre fragile de l'atelier. Il sema une telle panique que les autres handicapés eurent peur de lui.

Comme Birger n'avait pas cessé de faire entendre qu'il désirait se cultiver pour devenir un « vrai » écrivain, ses parents résolurent de lui trouver une école. Les écoles pour handicapés déclarèrent forfait en raison du niveau intellectuel de Birger ; il exigea une école normale. Ce devait être de surcroît une école acceptant qu'un jeune homme muet, quelque peu agité, en proie à des crises de hurlements lors de phases d'excitation, participe aux cours en compagnie d'un auxiliaire attitré. Une question se posait : Birger supporterait-il de fréquenter une école d'un point de vue nerveux et « étho-technique » ? Il fallait d'autre part déterminer à quel cours il devait participer de manière générale. Et quelle classe devait intégrer Birger qui n'avait jamais suivi de cours ? Quel était son niveau de connaissances ? Birger — j'insiste sur le fait incroyable qu'il n'avait jamais, jusque-là, suivi le moindre cours normal — commença sa scolarité en seconde.

D'un point de vue formel, il n'avait plus le droit de suivre un enseignement scolaire car il avait vingt ans et était trop âgé. L'administration berlinoise compétente jugea cependant qu'il n'avait pas, jusqu'à cette date, reçu d'enseignement approprié, ce qui était injuste, et qu'il pouvait désormais exercer, sans engager de frais, ce droit à la culture dont il n'avait pas bénéficié.

En novembre, tout fut arrangé. Un enseignant

préposé à la formation continue des adultes accueillit Birger dans une classe de seconde. Birger obtint la permission, sept heures par semaine, de participer aux cours d'allemand et de géopolitique en compagnie d'un auxiliaire. Il put commencer à suivre, parallèlement, des cours particuliers d'anglais, de français, de mathématiques et de sciences naturelles et physiques avec des professeurs particuliers.

« Birger, à cette époque, était extrêmement heureux », se souvient son père. Le matin, il quittait la maison de bonne humeur, il s'asseyait avec son auxiliaire du moment dans la classe, écoutait attentivement et écrivait sur son portable le message qu'il avait à communiquer. Professeurs et élèves s'empressèrent d'accueillir cet original notoire. Un jour, Birger se rendit seul au musée avec sa classe, ce qui fut pour lui un événement. La chose paraît anodine mais c'était la première fois qu'il pouvait se déplacer en public sans surveillant — après une vie de vingt années sous tutelle !

Tout alla bien durant deux mois et demi. Puis un jour de janvier, Birger cria pendant la récréation. Un peu plus tard, il fut pris d'un accès de hurlements lors d'une pause. À cette époque, il écrivit que ce mode d'enseignement ne lui convenait pas car il apprenait différemment des autres. Birger finit par décider seul d'arrêter l'école et de ne plus prendre que des cours particuliers, ce qui n'était pas pour lui une chose aisée. « Il a beaucoup aimé la classe mais c'est là qu'il a vu combien il était handicapé. Auparavant, il ne vivait que parmi d'autres autistes », commenta sa mère. Il est à noter que les professeurs s'occupèrent beaucoup de Birger et que la directrice de l'école regretta son départ. Il pourrait théoriquement continuer de participer aux cours.

Birger prend toujours des cours particuliers. Une psychologue de Berlin-Wannsee, qui a répondu à une annonce des Sellin, lui a enseigné l'histoire, la géopolitique, l'anglais, le français et le latin, son mari se charge des cours d'allemand et lui donne quelques cours de gymnastique ; un biochimiste de Berlin lui a enseigné de surcroît les mathématiques et les sciences, une pédagogue diplômée lui enseigne l'art. Le programme de Birger se conforme aux indications d'un groupe d'enseignement reconnu de la Hesse pour la préparation du baccalauréat en candidature libre.

Après une période d'essai plus ou moins brève la communication assistée fonctionna entre Birger et ses professeurs et l'élève muet put apporter la preuve de ses dons particuliers. « Il apprend l'anglais à une vitesse prodigieuse, il est incroyablement avancé en latin et, au bout d'un an, il a acquis en français le niveau qu'un élève normal atteint en trois ans », dit son professeur de langues. Au bout d'un an de cours de français, il savait déjà former des phrases au conditionnel [1].

1. Exemple, ce texte en français du 2 janvier 1995 que Birger écrivit spécialement pour ce livre : « Si je n'étais pas un autiste, j'irais tout seul à Paris ou peut-être en Amérique. En France, je parlerais français comme tout le monde et aux États-Unis je parlerais anglais. Je ferais beaucoup de choses que maintenant je ne peux pas faire. »

Birger progressa tout aussi rapidement en mathématiques et en sciences. Au bout de quelques mois, il pouvait résoudre des équations linéaires à plusieurs inconnues — la logique des nombres l'inspire visiblement. Il s'est juste irrité d'un de ces artifices sans lesquels les mathématiques ne fonctionnent pas malgré l'illogisme apparent : dans la théorie des ensembles, il s'est heurté à l'axiome selon lequel l'ensemble vide est partie de tout ensemble. « Il a explosé parce que ça ne voulait pas du tout rentrer, se souvient son professeur, jusqu'à ce que je lui explique que la chose est établie ainsi par définition. »

Une autre surprise marqua le déroulement de ces cours particuliers. Pour mettre les accents et les majuscules en cours de français, Birger appuyait spontanément de sa main gauche (non soutenue) sur les touches secondaires. Lorsque ce professeur rapporta le fait lors des rencontres régulières de l'équipe de moniteurs attachés à Birger, Annemarie Sellin eut l'idée de tester si Birger pouvait écrire sans le moindre soutien.

Il y arriva. Le 10 mars, pour la première fois, Birger frappa sans aucune aide sur l'ordinateur les deux mots composant son nom. Deux jours plus tard, le 12 mars, il écrivit sans soutien :

« sept merveilles ».

Et le 14 mars :

« la soif doit être apaisée
m'inventer un nuancier de rimes »

Par la suite, il écrivit seul, de loin en loin, de simples mots et des demi-phrases (les passages en question sont signalés dans le texte par des notes), et — ce qui n'était pas anodin dans le contexte de suspicion quant à la paternité des textes — il garda sa manière dans les messages tapés seul. Écrire sans aide extérieure : un rêve devenait réalité.

Mais la césure positive la plus féconde dans la vie de Birger depuis le début de sa « période d'écriture » se produisit avant même qu'il commençât l'école. Felix Kuballa, rédacteur de la WDR de Cologne, s'était adressé à Birger dès le début de 1993 avec le projet de tourner un film sur lui. Birger participa activement comme lors du premier projet de film (non réalisé) avec la Française Jamila Chauvet. Il continuait certes de considérer avec des sentiments ambivalents le fait de se présenter à découvert devant la caméra et par conséquent à l'opinion mais il voulait que l'on fît ce film à tout prix.

La manière dont les contacts s'établirent entre lui et Birger caractérise à la fois l'audacieux et singulier projet cinématographique et l'impressionnante empathie de Kuballa. Birger était certes en correspondance avec le cinéaste de Cologne mais lorsque Kuballa vint en visite pour la première fois, l'émotion submergea le protagoniste du film. Birger se réfugia dans le bac à sable du jardin de la maison. Tous les deux finirent par nouer contact comme deux petits enfants : Kuballa s'assit près de Birger et tous deux firent pleuvoir ensemble du sable entre leurs doigts.

Ce faisant, le réalisateur expliqua l'argument à son protagoniste. La glace était rompue.

Les séances de tournage commencèrent début septembre — à l'époque où le livre paraissait et où Birger devenait un événement médiatique — et elles furent pour Birger « la meilleure thérapie qu'il ait jamais eue », ainsi que l'exprima sa mère. « Il a remarqué, peut-être pour la première fois, qu'il était vraiment pris au sérieux. Aucun thérapeute n'est jamais allé aussi loin avec lui. Le film fut une brèche sur l'extérieur. Un envol rapide s'ensuivit. » « Ce furent, rapporta Kuballa, les séances de travail les plus intéressantes que j'aie jamais connues [1]. »

Birger ne se contenta pas de se laisser filmer, il joua nombre de scènes qu'on reprit des douzaines de fois. Il « joua » le rôle d'un autiste pour le public. C'est ainsi, par exemple, qu'il joua ses stéréotypies, non quand elles le surprenaient mais quand le metteur en scène le demandait ou bien il s'asseyait à son ordinateur et écrivait spécialement pour la caméra. Ce fut un combat et ce fut un triomphe. *Rain Man* en direct. Un autiste jouait le rôle d'un autiste, c'était une première mondiale et un événement paradoxal, une réserve extrême et l'incapacité de communiquer étant considérées en dernière analyse comme les caractéristiques majeures du handicap autiste.

Les prises de vues duraient jusqu'à huit heures par

1. En mars 1995, lors de l'attribution du trente et unième prix Adolf-Grimme, Birger Sellin et Felix Kuballa reçurent le prix spécial du ministre de la Culture de Westphalie-Rhénanie du Nord.

jour (qu'on imagine : on s'estimait heureux quand Birger allait encore au centre qu'il voulût bien peindre dix minutes avec des couleurs digitales) et elles se déroulèrent sur deux mois avec des interruptions. Il y aura éventuellement une suite. Kuballa projette une seconde partie, conçue cette fois comme un « long métrage » avec, espère-t-il, une « conclusion organique » — Birger parlant ou écrivant seul.

Durant les séances de tournage, Birger avait démontré pour la première fois qu'il était en mesure d'agir selon un objectif plusieurs heures durant tout en gardant le contrôle de soi. Par la suite, à l'école et surtout lors des cours particuliers, il prouva qu'il pouvait aller, dans d'autres conditions, jusqu'à faire preuve de concentration et de maîtrise de soi. Ce progrès est par conséquent irréversible.

Birger acquiert de plus en plus de contrôle sur son comportement. Il règle déjà lui-même les détails de sa vie quotidienne (sa décision d'arrêter l'école, par exemple, ou sa participation lors du choix des professeurs et des auxiliaires). Il est également devenu normal qu'il se rende seul à son cours particulier — ce qui représente une marche de quarante minutes à travers Wannsee. « Nous ne pouvions imaginer, il y a un an, qu'il quitterait la maison tout seul pour revenir plus tard », se réjouit le père de Birger. Des amis des Sellin qui ont croisé Birger en chemin ont confirmé qu'il allait son chemin de manière naturelle et assurée. Il a même dominé sa peur panique des chiens.

Birger prend part à la vie normale même s'il est encore accompagné, il va au restaurant ou va voir des pièces de théâtre. Ces derniers temps, il est parti plusieurs fois en voyage, dont une fois sans ses parents, il a passé une semaine en Bavière avec son ami Erik. Durant un séjour thérapeutique à Berne, fin novembre et début décembre 1994, Birger a habité dans sa propre chambre d'hôtel et il avait sa propre clef. Le soir, il se retirait de lui-même et, le matin, il demandait à sa mère de passer le prendre pour le petit déjeuner.

Les diverses thérapies auxquelles se soumit Birger n'apportèrent pas de changements visibles. La tutelle durable de Margard Breinlinger paraît être plus efficace. Mais Birger lui-même est sans doute le meilleur thérapeute qui soit. Les crises de hurlements qui, récemment encore, traversaient son quotidien tel un leitmotiv et détruisaient régulièrement l'harmonie familiale ont diminué notablement. Le maintien corporel de Birger est devenu plus ferme, son aspect plus assuré, sa physionomie plus nette. Fait notable : il se frappe moins souvent et moins violemment ces derniers temps.

Au cours de l'été 1994, Birger éprouva un sentiment complètement nouveau pour lui qui dans le même temps le confronta douloureusement à ses propres limites : il tomba amoureux de son auxiliaire, une étudiante germaniste à laquelle il fit des avances sur son micro-ordinateur lors de promenades communes (les textes qu'il tapa sur le « Psion » relèvent du registre de la communication orale —

Birger n'en a rien sauvé). Dans l'un des derniers vers du poète Heinrich Heine, alors mourant, sa bien-aimée, la « fleur de lotus », ne reçoit « qu'un poème » au lieu de l'amour réel. Birger ne pouvait pas non plus donner davantage.

Le fait que l'intensité de l'activité littéraire de Birger ait quelque peu décru depuis l'été 1994 est lié à ses cours. En réalité, il écrit bien plus qu'auparavant mais dans le cadre de l'école. L'interruption de son activité littéraire au printemps 1993 avait pour cause le traitement homéopathique.

Nous allons maintenant quitter Birger, un jeune homme plein d'espérance qui accomplira encore beaucoup de progrès sur la voie de l'autonomie. Peut-être écrira-t-il complètement seul son prochain livre. La fin de son chemin est en vue. Mais il est certain qu'il y aura encore beaucoup à dire de ce chemin-là.

MICHAEL KLONOVSKY
*Munich, janvier, 1995*

*Composition réalisée*
*par S.C.C.M. - Paris XII^e.*

CET OUVRAGE A ÉTÉ REPRODUIT
ET ACHEVÉ D'IMPRIMER SUR ROTO-PAGE
PAR L'IMPRIMERIE FLOCH À MAYENNE
EN FÉVRIER 1998

Édition exclusivement réservée aux adhérents du Club
Le Grand Livre du Mois
15, rue des Sablons
75116 Paris
réalisée avec l'autorisation des éditions Robert Laffont

N° d'impression : 43033.
Dépôt légal : février 1998.

Imprimé en France